Royal Horticultural Society

jardines modernos

perspectiva contemporánea del diseño formal

Jill Billington

BLUME

Para Julia Brett, con agradecimiento por su amistad, talento y apoyo

BLUME

Título original:
New Classic Gardens

Traducción:
Anna Domínguez Puigjaner
Licenciada en Ciencias Biológicas

Revisión científica y técnica de la edición en lengua española:
Ana Zahonero
Departamento de Urbanismo y Ordenación del Territorio
Escuela Técnica Superior de Arquitectura de Barcelona
Universidad Politécnica de Cataluña

Coordinación de la edición en lengua española:
Cristina Rodríguez Fischer

Primera edición en lengua española 2001

© 2001 Art Blume, S.L.
Av. Mare de Déu de Lorda, 20
08034 Barcelona
Tel. 93 205 40 00 Fax 93 205 14 41
E-mail: info@blume.net
© 2000 del texto Jill Billington
© 2000 Quadrille Publishing Ltd., Londres

I.S.B.N.: 84-89396-72-8

Impreso en Singapur

CONSULTE EL CATÁLOGO DE PUBLICACIONES ON-LINE:
INTERNET: HTTP://WWW.BLUME.NET

página 1 *Un sendero de hormigón conforma una linea directa suavizada por arabescos de ladrillos colocados en él.*

página 3 *En un diseño de Steve Martino, la impactante sencillez de una terraza con pavimento de pizarra está limitada por una artesa hundida de agua que refleja y se une al amplio panorama.*

página 4 *Los jardines modernos pueden estar inspirados en el pasado y por otras culturas. En este tranquilo jardín, la grava rastrillada de influencia oriental domina la parte central, mientras que un banco de Lutyens se ha colocado contra un muro liso revocado. Aquilegia suaviza la textura de la grava.*

página 7 *El jardín contemporáneo parte del pasado y nos conduce a un futuro distinto. Desde la primitiva tierra construye un rompecabezas hacia la sofisticada geometría clásica y la elegancia minimalista, con lo que se da un enfoque muy diferente incluso al antiguo jardín, en este caso en forma de un moderno jardín de hortalizas.*

contenido

introducción

El pasado influye en cada movimiento que realizamos; así, la idea que tenemos sobre lo que constituye un jardín apropiado se ve afectada por la riqueza de las tradiciones. Los jardineros se han dado cuenta de ello rápidamente por la creciente afición a las plantas y también porque, en un mundo que cambia a gran velocidad, el jardín es el último lugar donde queremos que se note ese cambio. De forma comprensible, por tanto, el verdadero cambio ha sucedido gradualmente, aunque en los últimos años se han construido algunos jardines de grandes dimensiones a partir de referencias históricas que tienden un puente entre el pasado y los actuales extremos minimalistas con una base arquitectónica. Los elementos y disposiciones tradicionales resultan todavía evidentes, aunque adaptados de tal manera que se pueden interpretar desde una perspectiva contemporánea.

Comparto, en gran parte, los apasionados puntos de vista de hoy en día sobre cuestiones ecológicas y el entusiasmo por los jardines silvestres, los prados y los diseños con plantaciones naturales, pero en este libro no abordaremos estos temas. Este enfoque, a pesar de ser apasionante, representa sólo una parte del diseño contemporáneo de jardines, los cuales requieren un mantenimiento considerable por parte de un experto. El orden formal constituye, asimismo, una fuerte base en numerosos jardines modernos que persiste y persistirá siempre. La forma ha sido una parte esencial en el diseño de jardines desde sus inicios y en todas las culturas. En la actualidad existe un resurgimiento de jardines con una marcada organización y planificación, lo cual no sólo resulta agradable a la vista sino que, además, facilita su mantenimiento.

Pero el orden no implica necesariamente conformidad, y en los jardines actuales encontramos mayor variedad e individualidad que en tiempos pasados. La imaginación es libre, las distintas influencias se absorben y se reinterpretan, los nuevos materiales suponen estimulantes ideas experimentales, y las artes visuales sugieren nuevas direcciones que exploran el espacio, la forma, la textura y el color. El jardín es, ahora, una expresión personal del propietario, un espacio totalmente único que refleja y resuelve sus particulares características. La creatividad del jardín contemporáneo por parte de los propietarios y de los diseñadores no presenta límites, y no se teme explorar cualquier aspecto, derribar las fronteras y abolir los prejuicios.

Aunque es cierto que en los últimos cincuenta años se han producido cambios significativos en cuanto a los principios del diseño, la elección de los jardines de este libro no se ha realizado basándose en el indudable valor de dichos cambios. Más bien hemos escogido jardines con ambiente; jardines que suscitan una respuesta emocional; jardines que nos conmocionan, nos invitan, alteran nuestras emociones, nos tranquilizan o nos animan. Cada uno de nosotros encontrará su favorito, y algunos no serán de nuestro agrado; es lo que ocurre siempre con el arte. De hecho, algunos diseños pueden alcanzar menos éxito que otros, pero vale la pena explorar nuevas ideas. Sin embargo, ni siquiera la innovación, una palabra aplicada con frecuencia a los jardines modernos, debería ser más importante que el espíritu que emana del jardín. La experimentación puede resultar emocionante, pero al final debe ser el lugar en sí mismo, junto al diseño que se vislumbra de fondo, el que nos complazca.

Los diseños de jardines modernos pueden atribuirse directamente a la inspiración que fluye de la aplicación de materiales, tanto antiguos como nuevos. Con frecuencia, estos materiales nos ayudan a establecer el carácter del jardín y son tan importantes como la pintura que elije un artista. Pero aunque nos sirven de inspiración, más que dominar son un elemento útil; sin embargo, las plantas desempeñan un papel de mayor relevancia en el carisma de un jardín. Con ellas no sólo rellenaremos los espacios diseñados, sino que, además, formarán parte integrante del diseño: manejadas para adaptarse a la escala del jardín, recortadas y moldeadas para definir la estructura y envolver el espacio, al tiempo que nos ofrecen un punto escultural, o se mezclan y entrelazan en los márgenes. Mientras que el minimalismo presente en el huerto se ajusta al aire chic del jardín urbano, lo exótico añadirá una nota de glamour a una estructura formal. Pero el carácter único de los jardines entendidos como una forma de arte reside en el hecho de que no siempre permanecen iguales —las estaciones y el paso del tiempo alterarán su apariencia.

Dentro de la libertad que caracteriza al diseño de los jardines modernos, el estilo resulta único en cualquier situación y se asocia a las ideas procedentes de todas las culturas. La simetría clásica no es tan importante como antaño: es posible diseñar jardines incluso con una geometría más estricta, como la de una rejilla, o también idear otros con un enfoque asimétrico pero una práctica geométrica, que sigan las ideas de pintores como Piet Mondrian. El concepto oriental de escala y espacio ha influido en la formalidad moderna y ha creado una nueva serie de normas basadas en líneas fluidas y orgánicas en las cuales el espacio se encuentra en equilibrio con el volumen. Se ha reducido de manera considerable la ornamentación y se ha sustituido con frecuencia por la forma y la textura, mientras que el color se utiliza para crear ambientes.

A pesar de los actuales diseños experimentales, gran parte de los mejores jardines clásicos modernos resultan tranquilos y placenteros, bajo una estética distinta, con nuevos usos y materiales. Pero las adaptaciones deben ser lo suficientemente sutiles como para que no se «noten» hasta que una nueva generación los juzgue algunas décadas más tarde. La mayoría de los cambios que permanecen se producen poco a poco, y al final quizá los pequeños ajustes produzcan los jardines más bellos y perdurables.

7

Gran parte de los jardines modernos se relacionan con el entorno de un modo tan marcado como los jardines románticos del siglo XVIII. Durante siglos, en Europa han existido jardines diseñados a partir de huertos: empezaron como un sencillo método para su cultivo, pero su belleza imperecedera, junto con su diseño lineal, permite conseguir un formato contemporáneo. En este huerto francés de manzanos, diseñado por Marc Brown, se han plantado los árboles espaciadamente en un modelo de trama conseguido con la ayuda del césped recortado de forma impecable. Los largos y amplios caminos se entrecruzan y crean grandes cuadrados de la tosca hierba, donde crecen las flores silvestres. En las intersecciones de los caminos recortados se han plantado frutales de tipo estándar que lucen mejor sobre la ruda hierba y facilitan, además, la recolección de los frutos. El tranquilo ambiente que emana de este diseño puede trasladarse al jardín doméstico.

En el rojizo desierto de México, este jardín resulta tan real como el paisaje y el tiempo. La tradición de edificaciones bajas construidas con adobe se refleja en el implacable diseño moderno de Faith Okuma de los desnudos muros del jardín, que congenian perfectamente con el árido espíritu de la zona. El paisaje plano situado detrás continúa en los confines del jardín, pero se adapta a la escala humana mediante sencillas divisiones del espacio, en paralelo con las líneas de la casa. Bloques rectangulares en los que se han realizado algunos orificios separan las zonas, mientras conservan el carácter suave y borroso del adobe. El jardín se encuentra situado a pleno sol, y la tierra es seca y polvorienta, pero los árboles ofrecen protección cuando están llenos de hojas. Hasta entonces, sus plateadas formas esqueléticas ponen de relieve su marcada geometría. Una fuente de agua que emerge desde la alargada pared central ofrece una visión refrescante desde la casa, invitándonos al jardín, y al mismo tiempo llena el estanque elevado que discurre paralelo a la estancia.

parte 1: elementos

Los jardines que levantan el ánimo y son placenteros para el alma poseen espacios armónicos, y esto resulta muy importante sobre todo en un jardín formal, donde las plantas deben guardar un equilibrio con los elementos más duros. En los jardines clásicos actuales, se conserva todo lo bueno del pasado —por ejemplo, setos de boj y caminos de piedra, que, desde siempre, se han asociado fácilmente—, al mismo tiempo que se da la bienvenida a lo nuevo. Algunos de los materiales para el pavimento más familiares, que gozaron de respeto con anterioridad, actualmente se utilizan para el jardín formal contemporáneo de forma inesperada, mientras que la mezcla de lo antiguo con lo nuevo nos ofrece diversas texturas.

Unos materiales cuidadosamente elegidos pueden enfatizar un diseño, ya se trate de uno geométrico que respira tranquilidad como de uno serenamente asimétrico. En los diseños planificados de manera geométrica de los antiguos jardines de Europa y Oriente Próximo, encontramos ángulos biseccionados, rutas axiales y la disposición en modelos de trama. Este diseño se considera todavía válido y puede verse realzado con la riqueza de los nuevos materiales disponibles en la actualidad, así como por la mejora de los antiguos. Los jardines orientales presentaban, asimismo, rigurosas «pautas» extraídas de la naturaleza, sin la convención de líneas y ángulos rectos. Los jardines modernos inspirados en el Lejano Oriente reconocen este estilo esencialmente sencillo y asimétrico, adecuado especialmente a la arquitectura moderna y el minimalismo chic.

materiales

En un paisaje árido y rocoso, se ha pintado un muro abierto de un glorioso amarillo cromo, un color inspirado por las plantas del desierto que lo rodea.

formas nuevas con una base tradicional

Entre los materiales para el pavimento utilizados durante siglos encontramos grandes losas de piedra y pequeñas gravas, ambas extraídas de canteras, y ladrillos fabricados a partir de la tierra local. En el pasado, la opción más económica consistía en mezclar los materiales locales, más que en importar los de mejor calidad desde muy lejos, como el mármol travertino. La utilización de materiales de construcción autóctonos aseguraba a los jardineros la relación con la arquitectura regional.

Sería estupendo poder realizar la misma operación en la actualidad si todavía dispusiéramos de abundante material local, lo que raramente es posible, aunque entre las atractivas alternativas se hallan suelos que consisten en una mezcla de materiales o en un modelo que simula la piedra local. Un enfoque más contemporáneo supone ignorar el entorno y dejar que el diseño se recree en sí mismo, para guiarse quizá por el estilo de la edificación existente, o sencillamente por el gusto del propietario. Existe una unidad en ese tipo de jardines.

piedra

La piedra extraída de la cantera de forma natural se adapta tanto al rigor contemporáneo como a los jardines históricos. Cualquier piedra natural resulta cara pero, si dispone de un espacio reducido, vale la pena tenerla en consideración. La mayoría de las piedras se oscurecen con el paso del tiempo, lo cual añade riqueza y carácter al jardín. Pero las inmaculadas y absorbentes calizas o las nuevas areniscas necesitan de una limpieza anual a presión si quiere mantener la tonalidad ligera. En el caso de disponer de una sombra intensa, el musgo y los líquenes constituirán con probabilidad un problema; la solución puede ser química, pero evite rociar los arriates.

El mármol, el basalto, el granito, la arenisca, la caliza y la pizarra nos ofrecen un amplio abanico de texturas y colores —dos losas nunca tendrán la misma tonalidad. La elección de la piedra más adecuada depende del estilo del jardín y de su presupuesto. Las piedras más finas o las más gruesas y con una textura compacta son las más adecuadas para un jardín de estilo inmaculado. De tal modo que si éste es formalmente modesto, el material elegido puede ser un granito cortado de forma precisa o un delicioso mármol italiano con la superficie suave y pulida. Un pequeño patio con fina caliza de color crema, o una pizarra «verde» de Cumbria, es posible que resulte elegante y minimalista. Podremos obtener la geometría igualmente con la ayuda de una dura caliza francesa en tonalidades de amarillo, ocre y rosa o del granito, con fragmentos de feldespato en su interior que añadirán una nota atractiva

16

extremo izquierda *Los anillos concéntricos de conchas de mejillón fosilizadas dibujan un inusual pavimento para una zona de escaso tránsito. La esfera de cristal se alinea con la hoja dorada.*

izquierda *En un moderno pavimento irregular, el suelo de caliza se distingue de la marcada textura de las teselas.*

La suave caliza colocada en diagonal rodea una piscina de forma clásicamente rectangular. Los blancos guijarros colocados sobre el hormigón del mismo color proporcionan un margen antideslizante que enmarca la piscina.

en cuanto a textura. La cuarcita de Norteamérica ofrece superficies rudas y de textura compacta que al ser antideslizantes son ideales alrededor de piscinas o senderos. Sin embargo, en climas más húmedos, todas estas piedras duras resultarán demasiado resbaladizas; las superficies endurecidas o de marcada textura como la arenisca de río serán más apropiadas.

Las areniscas más suaves, granuladas, como la piedra de York, son suaves en cuanto al color y se adaptan a una formalidad más relajada. Suelen encontrarse con un acabado hendido y antirresbaladizo natural, en losetas rectangulares de siete u ocho tamaños diferentes, para conformar un modelo de unión tradicional. Pero hoy en día puede optar por areniscas con un acabado antirresbaladizo más definido, no hendido, «aserrado». Presentan mejor apariencia si se utilizan del mismo tamaño. Puede colocar unidades rectangulares según un esquema ordenado (encontrará la explicación más adelante y un dibujo en la página 138), y las unidades cuadradas en forma de rejilla (*véase fotografía de la página 21*). Ambos modelos se ajustan al refinado diseño minimalista.

En los grandes centros de jardinería encontrará algunas piedras naturales; pero si busca otros materiales, deberá ponerse en contacto con un especialista. Los costes comparativos pueden variar según la localidad, aunque algunas de las mayores cadenas ofrecen precios razonables, si bien su abanico de posibilidades es reducido.

esferas y ladrillos

En cuanto al pavimento, a veces las unidades de menor tamaño se adaptan mejor que las grandes, al encajar bien en los márgenes curvados. Entre este tipo de pavimento se incluyen cantos rodados, guijarros y granito cortado en forma rectangular o cuadrada o pórfidas esferas. Estas últimas, aunque de precio más elevado, se adaptan bien en los jardines con una estructura formal. Aunque en los grandes centros de jardinería es posible comprarlo todo, el comerciante especializado dispone de una oferta más amplia. Debido a su elevado coste, es preferible dejar

la colocación de las esferas de granito a un profesional; pero en el caso de zonas pequeñas, usted mismo puede colocar los guijarros o cantos sobre una base de hormigón. Todo ello crea un entramado en el suelo que normalmente se colocaba en líneas rectas, anillos concéntricos o dibujando formas ornamentales en abanico. En los jardines modernos, con frecuencia, se despliegan modelos más elaborados que dibujan un zigzag o una onda. Si quiere formar un pavimento de losetas de hormigón grandes, utilice una sencilla hilera de cantos rodados unidos por argamasa que dibuje un enrejado en el suelo. Los elementos pequeños, como ladrillos, también pueden colocarse en forma de trama (*véase fotografía de la página 106*).

Al igual que ocurre con las piedras, siempre habrá un lugar en el jardín para los ladrillos de arcilla. Aunque los hechos a mano se adaptan mejor a los informales jardines románticos, también resultarán eficaces en un moderno jardín asimétrico delimitado por gruesos maderos o grandes piedras, o utilizados en pequeños grupos como un «sendero de piedras» en un mar de grava. Si no, elija un empedrado de ladrillos resistentes a las heladas, de fabricación industrial, y colóquelos en un sendero que termine entre las plantas o discurra entre grava fina. Con ello, suprimirá la necesidad de disponer de un acabado ornamental, que es la opción clásica. Si quiere destacar el aspecto de la textura, contraste hileras de ladrillos diferentes, como ladrillos hidráulicos de color azul intenso (más caros que otros colores), junto a otros marrones, rojos y moteados, o colóquelos en hileras de distinta amplitud.

Un patio interior comunitario de un bloque de apartamentos en París se ha pavimentado con ladrillos de color rojizo puestos de manera ordenada y delimitados por filas de hormigón blanco en relación con los materiales del edificio. Entre la plataforma de Lonicera nitida recortada ornamentalmente surge un delgado abedul de color plata.

Las losetas de hormigón suavemente coloreadas que conforman el pavimento se colocan sin argamasa, pero en las uniones se disponen láminas de corteza de árbol entre las cuales con el tiempo crecen plantas.

Coloque los ladrillos sobre una base de firme u hormigón o simplemente sobre arena; esta última opción no resulta tan formal porque los ladrillos se hunden ligeramente. Para evitar que en los bordes las unidades pequeñas resbalen en el lecho del suelo, es preferible construir un «arco» de hormigón en el extremo de una columna. Si está pensando en un seto de boj enano, no deberá plantarlo cerca del pavimento. Los ladrillos resistentes a heladas, salidos de fábrica, son más económicos que los artesanales, pero su colocación es más difícil que la de las losetas de piedra.

colocación y unión

Los materiales tradicionales para el pavimento, como la piedra, funcionan mejor cuando se diseñan con márgenes rectos bien definidos; cortar el pavimento para adaptarlo a curvas o márgenes afilados siempre parece poco limpio. Coloque las piedras de buena calidad, que acostumbran a estar cortadas en forma rectangular, en concordancia con el diseño del jardín, incluso aunque se trate de un espacio abierto. Es recomendable dejar la colocación en manos de un profesional, a ser posible un paisajista más que un constructor.

En el jardín moderno es preferible colocar la piedra de manera que siga un modelo ordenado que enfatice la longitud y donde las losetas rectangulares se sitúen borde con borde en paralelo. Las tiras o líneas del pavimento pueden ser de diferente amplitud, con las uniones bien ensambladas —o sea, sin espacio entre las losetas— pero puede haber cierta cantidad de argamasa (*véase* dibujo de la página 138). Una estructura formal no implica que deba existir siempre un acabado. Ahora, es más importante la unidad, de modo que los márgenes pueden difuminarse sin problema en el jardín.

En los jardines de numerosas culturas abundan los diseños con un modelo de cuadrícula, e incluso actualmente han adquirido mucha relevancia. Considerada antes como una opción decorativa, en la actualidad la cuadrícula se utiliza como una forma de organizar el espacio. Por lo general, los elementos pequeños, por ejemplo, las piezas de arcilla cuadradas y las de cerámica esmaltada de brillantes colores, se disponen como en una cuadrícula (*véase* fotografía en la página 27); asegúrese de que van a resistir las heladas si el clima es severo —muchas piezas de terracota no lo hacen.

patio con diferentes niveles

La disposición de una terraza soluciona el problema de este patio cerrado, hundido y pavimentado con pizarra verde. En él se ha dispuesto una pasarela del mismo material con los lados acristalados opacos y que nos conduce al nivel superior. La sencilla plantación está presente durante todo el año: *Liriope muscari* en ambos niveles, junto a hileras de verdes coníferas aterciopeladas, *Chamaecyparis obtusa* «Nana». El jardín superior viene definido por abedules plateados detrás de una escultura de bronce.

En el famoso jardín cubista de Villa Noailles, en Hyères, se ha pavimentado un estrecho espacio triangular con un dibujo simétrico de cuadrados blancos de hormigón que rodean alternativamente plantas y hormigón.

Las uniones deben reforzar el dinamismo que subyace en el diseño del jardín. El modelo lineal de las uniones regulares proporciona un mayor énfasis al orden de un diseño formal. Si se cortan unidades cuadradas, el suelo resulta más decorativo, sobre todo cuando se coloca en diagonal, en forma de dibujos de rombos (*véase* página 21). Las uniones en las que se utiliza argamasa pueden contrastar con el color de la piedra, pero en general es más elegante teñirlas de color más oscuro con tintes especiales, que se pueden adquirir con facilidad.

mezcla de materiales

Es posible realzar de forma importante el efecto a la altura del suelo con la mezcla de los materiales del pavimento. No se trata de ninguna novedad: los senderos zen utilizaban una mezcla de materiales impredecible, con el fin de que el visitante avanzara por ellos lentamente para poder apreciar el diseño que se abría a sus pies. La novedad reside en la elección de materiales. En un contexto formal, dicha mezcla debería ofrecer un contraste en cuanto a texturas o colores, pero no ambos a la vez porque el resultado sería chocante.

Podemos conferir un aire contemporáneo a elementos tradicionales, como los ladrillos, con la adición de estrechas bandas de pizarra, y los empedrados de piedra u hormigón ofrecen una apariencia fantástica junto a delgadas tiras de acero utilizado como material de unión. Yo mismo dispuse una pizarra de color verde de Cumbria en un diseño regular e inserté tiras estrechas de dicho material bien pulido entre un empedrado antideslizante de superficie rugosa, para intensificar, con ello, de forma dramática el color mate. A veces, es posible suavizar las losas del pavimento si se llenan las uniones con grupos de *Zoysia tenuifolia* de crecimiento lento o, con *Armeria caespitosa,* el estático enano de pequeñas flores, en climas frescos.

Coloque materiales continuos «fluidos», como el hormigón, que necesita uniones expansivas, en un modelo de cuadrícula grande, e inserte pequeños cantos rodados, tejas o ladrillos o, incluso, estrechas hileras de madera dura. De hecho, es posible conseguir un diseño bastante agradable sólo con hormigón. Las piezas de cerámica oscura esmaltada se mezclan bien con piedra o mármol en una base de hormigón. Los ladrillos de cristal cuadrados (*véase* página 26), insertados en un

derecha *En este jardín, diseñado por David Stevens, las piedras naturales y el agua interrumpen de forma espectacular las suaves bandas de hormigón, construidas para simular arenisca.*

extremo derecha *El ejemplar de* Ophiopogon *crea un modelo de rejilla con losetas cuadradas colocadas en diagonal respecto al resto del pavimento.*

esquema de piezas de color gris mate o de terracota, tienen una doble función cuando se colocan luces debajo. Y con la ayuda de piedra, hormigón o travesaños de ferrocarril, podemos diseñar un sendero que discurra sobre la grava.

materiales de imitación

Los materiales naturales ya no son tan abundantes, y su precio ha aumentado de modo significativo. Por motivos económicos, y con el fin de preservar el paisaje, los fabricantes han desarrollado nuevos materiales, como el hormigón, que simulan los naturales, así como variaciones integradas por diversas mezclas hechas a partir de astillas o polvo del material original. Estos materiales son también más económicos en cuanto a su colocación porque presentan un grosor uniforme, lo que significa que es posible colocar una zona grande de una sola vez.

Las losas descritas en las páginas 16-17 pueden copiarse en hormigón para construir una piedra artificial, pero la calidad resulta importante. Los moldes están ideados para parecerse a la losa «parental» en todos sus aspectos, y las losetas artificiales contienen en el interior piedra molida de una mezcla de hormigón, que asegura las texturas y colores más adecuados. Cuando se fabrican correctamente, resultan tan resistentes como el material natural. Elija el mejor material, en diferentes tamaños, evite en lo posible la duplicación de losetas y descarte las que presenten una superficie llena de burbujas de aire y márgenes desconchados. Los buenos fabricantes optan por las piedras antiguas para realizar el molde, quizás incluso con marcas esculpidas que delatan el modo en el que se ha explotado el material. Los colores no deben destacar en exceso, ya que ello cambiaría la apariencia de la piedra.

También podemos utilizar el hormigón para simular un empedrado de terracota en zonas donde las heladas constituyen un problema. Tal vez tarde un tiempo en oscurecerse; además, cuando el empedrado es exactamente de la misma tonalidad, el resultado es muy artificial. Algunos fabricantes logran un buen efecto fundiendo verdaderas piezas de terracota, a las que mediante calor se les proporciona una apariencia individualizada, lo que produce algunas marcas y unas pocas burbujas. Unas serán duras, otras suaves y con apariencia artesanal, lo cual añadirá una nota animada a la estricta formalidad. En ocasiones se funde un grupo de piezas en una unidad más larga para reducir el coste; las uniones bien hechas parecen efectivas, y con el paso del tiempo la novedad se verá suavizada. En un diseño moderno de líneas regulares colocadas en paralelo, todo es posible, mejor que el más exigente modelo sardineta o los modelos clásicos entretejidos.

Otra opción disponible son los «ladrillos» de hormigón, sobre los cuales pueden aplicarse las mismas reservas y virtudes apuntadas anteriormente. Algunos tienen una apariencia casi genuina, con superficies rascadas y un colorido clásico, pero deberá tener cuidado con algunos de los colores artificiales: los ladrillos de arcilla tienen un color rojo-herrumbre, distinto al rojo-púrpura utilizado tan a menudo en los ladrillos de imitación o los empedrados de hormigón. Las «unidades» grises de hormigón funcionan bien, en particular aquéllas con una superficie semejante a la piedra pómez, y existen algunas de color crema que recuerdan la superficie de mármol travertino. Déjelos tal cual, o límpielos a presión una vez al año.

Algunas unidades regulares de hormigón son de diferentes tamaños y se rompen para evitar la perfección original. Resisten bien y pueden colocarse según un dibujo geométrico si la zona es grande, como un sendero. En opinión de la autora, no hay nada malo en las sencillas losetas de hormigón, incluso de color gris o crema; pueden tener una superficie estratificada para mayor seguridad y, con una apariencia agradablemente regular, son ideales para un moderno jardín de estilo formal.

materiales fluidos

La tecnología moderna ha cambiado la cara del pavimento. Ciertos materiales proceden directamente de las industrias químicas, otros son naturales. Los jardines contemporáneos ofrecen una apariencia más interior que exterior, y los materiales elegidos más que seguir el diseño, lo marcan. Existen maravillosos materiales de carácter fluido que rellenarán cualquier curva o rincón poco atractivo; se vierten húmedos *in situ* y resisten lo suficiente como para formar una superficie duradera. La grava colocada de forma laxa aún tiene popularidad como material de contorno.

grava

A pesar de que no se trata de un material nuevo del jardín, en el pasado la grava se utilizó de forma totalmente decorativa. Los parterres y jardines, con frecuencia, se llenaban de grava de colores en lugar de plantas como parte de un estilo ornamental. En la actualidad este material tiene un uso más práctico, aunque resulta difícil caminar sobre él. Además, también puede actuar como un acolchado que retiene la humedad en un macizo con plantas, o como controlador de malas hierbas. Y las plantas que se desarrollan en una zona a pleno sol y con un suelo bien drenado a menudo necesitan un sendero fresco. Estas necesidades hacen de la grava un material versátil y atractivo para la jardinería actual.

Desde el punto de vista del diseño, el orden estricto presente en los jardines de estilo japonés, en los cuales la grava es un elemento común, ha conllevado su utilización en un contexto formal moderno. Los mares de grava que fluyen alrededor de una plantación de estilo minimalista, y que hallamos en los jardines orientales, han encontrado un marcado eco en Occidente. Incluso un meticuloso rastrillado diario, tan frecuente en el contexto japonés, ha influido sobre el diseño contemporáneo. Corrientes de grava cubrirán fácilmente cualquier zona, por pequeña y poco atractiva que sea, y ni su precio es elevado ni su colocación, difícil. Así, los agregados encajan bien en los ideales del jardín minimalista o en la moderna formalidad, en la cual la textura llena cualquier zona sin complicar en exceso el diseño.

Existen varios tipos de grava con distinto tamaño, desde el más pequeño (6 mm) hasta el más grande (20 mm). A partir de una roca molida se obtienen piezas, con ángulos afilados y cantos normalmente redondeados, en una playa o en la orilla de un río; los primeros tienden a moverse menos que los últimos. Lave la grava, sea del tipo que sea, antes de utilizarla en el jardín. Los colores son naturales y varían desde tonalidades pálidas, que se ajustan bien a la elegancia minimalista (aunque en mi opinión debería evitarse el cuarzo puro de color blanco por sus connotaciones fúnebres), hasta las más oscuras. Encontrará cálidos rojos, rosas, grises azulados y verdes, asociados todos ellos de modo adecuado a las plantas. Elija colores que no contrasten con el resto de elementos duros del paisaje o con los edificios. Sin embargo, piense en la importancia que tiene el contraste de texturas. Si utiliza una mezcla de marrón con crema o colores miel, el efecto conseguido será más suave. Antes de decidir sobre el color o tamaño que prefiere, observe diferentes muestras.

Como un acolchado sobre el cual diseminar la plantación, es preferible colocar la grava sobre un tejido permeable para horticultura a fin de evitar el desarrollo de malas hierbas. Corte pequeñas aspas en el tejido, plante a través de éstas y cubra toda la superficie con una capa de grava de un espesor de 50 mm o superior.

hormigón

De todos los materiales contemporáneos, el hormigón seguirá cualquier curso sin interrupción. En términos de construcción, es el material del siglo xx, pero su uso en el jardín ha sido tardío. Se trata de un material resistente, económico y de fácil colocación para zonas pequeñas, aunque siempre debe tener un margen delimitado y una junta expansiva. Cuando el suelo está nivelado, este material fluido rellena cualquier forma y puede pintarse con pintura de suelos o con tintes, o resaltar su textura para hacer de ella la superficie contemporánea más versátil.

Si añadimos una nota de color mientras el hormigón está fresco el pigmento se mezclará bien con el material, de modo que el tono será permanente,

superior izquierda *Las formas irregulares del mármol blanco destacan entre los grandes cuadrados de hormigón pulido de color negro del pavimento y también en los bancos, conformando un efecto de confeti en este «jardín de sombras» de un parque de París. Alrededor de los árboles se han realizado al azar algunas rendijas sobre el alcorque de acero inoxidable para dejar pasar el agua a su través, en un diseño que combina bien con el resto del decorado.*

superior derecha *En este inusual jardín diseñado por Andrew Cao, el suelo es tan ondulante como en el paisaje natural. Los trozos de cristal unidos por una resina, con un colorido que va desde el amarillo de las «colinas» pasando por el verde de las «laderas» hasta el azul intenso del «valle», siguen la forma ondulada. Los muros circundantes están recubiertos por cristal troceado de color azul.*

y las láminas que puedan saltar por rotura no resultarán un problema. Asimismo, podemos añadir tintes al hormigón que reaccionan químicamente para lograr un impecable acabado permanente y plateado que se adapta bien a los estilos de jardín modernos. Otra opción consiste en pulir el hormigón uniformemente hasta obtener una hermosa pátina con una superficie que refleja la luz. En grandes zonas, un profesional deberá realizar la coloración del hormigón y su colocación. Elija colores vibrantes que se adapten bien a las brillantes zonas situadas a pleno sol y a una exótica plantación de yucas y resistentes palmeras abanico, u opte por tonalidades de color tierra, desde el beige al rosado color terracota o el gris azulado del carbón; éstas realzan el verde del follaje y las luminosas flores de colores pastel. En cualquier caso, la tecnología ayuda a superar las situaciones de hielo-deshielo.

Como alternativa, la superficie del hormigón puede ser ondulada o presentar muescas, como ocurre en las esferas de hormigón que se fijan con un madero antes de que se endurezca. La fricción causada por estas texturas presenta una ventaja práctica y también afecta a la intensidad de color. Posteriormente, podemos destacar más la textura de la superficie con agregados naturales, como gravas de piedra molida, que proporcionan un aspecto rudo; añádalas al hormigón mientras se mezcla. En función del tamaño, las gravas pueden crear efectos más suaves o parecerse más a las areniscas; seleccione los colores (*véase* página 22) de modo que se complementen con los edificios o la plantación del entorno. Al igual que en el caso de las esferas de hormigón, deberá utilizar un cepillo duro para eliminar la superficie uniforme y dejar al descubierto la textura arenosa del agregado.

uniones con resina

Si quiere obtener un material fluido más actual que sirva, además, para rellenar cualquier forma, opte por añadir gravas en una resina epoxídica. En este caso, la textura del agregado es mucho más densa que la del hormigón, y el efecto visual se parece más al de la grava suelta. Aunque resulta más caro que añadir un agregado al hormigón, la unión con resina resuelve algunos de los problemas que surgen con las gravas sueltas: por ejemplo, podrá barrer las hojas que caen en otoño o se adhieren a la superficie, y es más silenciosa en comparación con el crujido producido por las piedras sueltas.

Las gravas con este tipo de unión son más funcionales y duraderas que el material con uniones laxas, y se adaptan a cualquier curva o forma estrecha ideada por el diseñador. Algunas veces se remata con esferas o piedras o un delgado madero de retención mientras se coloca el material. Una vez «seco», no es necesario ningún tipo de acabado visible, aunque puede plantar guillomos de desarrollo bajo, enebros rastreros y *Lonicera pileata*, para suavizar los márgenes.

La colocación de una superficie con uniones de resina es fácil y rápida, pero el trabajo de un profesional, que utilizará la mezcla de mejor calidad, resulta esencial. Los fundamentos subyacentes pueden ser de hormigón, asfalto o madera; deberían estar absolutamente limpios y bien compactados para asegurar de este modo un acabado perfecto (*véase* la fotografía de la página 114). Si el tránsito de vehículos es constante, la técnica de colocación varía ligeramente con el objetivo de proporcionar una superficie más duradera y flexible. El resultado es una impecable superficie que

extremo izquierda *Detalle de un diseño de Bonita Bulaitis en el que una impecable extensión de grava de color crema discurre junto a la plantación y a diversas cruces de acero inoxidable, y mantiene al mismo tiempo un margen bien delimitado.*

izquierda *Luminosos trozos de cristal de color azul pálido conforman esta isla en espiral en medio de un nítido estanque. De la cabeza esculpida emerge una línea que se arremolina junto al anillo formado por la ornamental Carex «Frosted Curls».*

De modo imaginativo, se ha utilizado abundante hormigón para obtener una excelente entrada al jardín, sobre un tranquilo estanque con nenúfares y entre muros del mismo material. Las hendiduras diagonales sustituyen a las juntas expansivas y dan, así, la impresión de que las losetas flotan sobre el agua.

inspiración industrial

El andamiaje conforma un marco tridimensional en un jardín en el cual los ladrillos de cristal se mezclan con el pálido empedrado de hormigón, utilizados ambos como material de pavimento y como elementos delimitadores. La grava de arenisca de color claro aporta variedad y proporciona un arriate bien drenado para gramíneas plantadas espaciadamente. La sensación de reclusión se completa con las amplias lonas de color azul, que forman un buen esqueleto para la erguida *Kniphofia* «Shining Sceptre» de color crema y naranja, plantada en recipientes metálicos. Otras plantas perennes, un bambú (*Fargesia murieliae*) y la trepadora *Trachelospermum jasminoides*, suavizan los materiales más duros.

derecha *Una rejilla metálica forma un puente seguro, aunque transparente, que cruza un estanque.*

extremo derecha *Rodeando un patio diseñado por Juan Grimm, este macizo muro, bastamente revocado, permite que los enebros se desarrollen a través de la «ventana» situada a un nivel bajo. La cuadrícula desnuda del suelo define perfectos cuadrados cruzados por granito colocado diagonalmente, mientras que las losetas de terracota que los rodean se unen al color del tejado y realzan el del muro.*

combina bien con los modernos materiales de construcción y con todo tipo de plantación.

No todos los agregados son naturales. Los materiales laxos, nuevos en el contexto de la jardinería, pueden estar unidos por resinas. Las resinas parecen adecuadas cuando se utilizan con trozos de cristal, cuyos colores varían desde un azul intenso a los más luminosos colores pálidos. El cristal molido no presenta un afilado peligroso gracias al proceso que se realiza en las industrias de reciclado. Pero si busca un color realmente brillante, nada puede superar la superficie obtenida a partir de goma cortada, utilizada como material de relleno y unida mediante resinas; en algunos jardines modernos se emplea esta duradera superficie. Diseñada inicialmente para superficies en las cuales se practica deporte, por su uniformidad y resistencia, resulta ideal para zonas con niños o que soportan un tránsito constante, como el contorno de una piscina. Se comporta con la misma precisión que los materiales descritos hasta ahora y, al adherirse adecuadamente, cubrirá de forma concreta los montículos o los aleros; deje su colocación en manos de un profesional. Soporta bien el paso continuado y presenta un buen drenaje.

Las piezas de plástico, las arenas coloreadas, las redondeadas cuentas de cristal de diferentes colores, los fragmentos de cerámicas y los guijarros coloreados son buenos materiales de relleno para las superficies unidas con resina, además de mezclarse bien con el hormigón. Si el resultado es ornamental, utilícelos sólo para zonas pequeñas: un excesivo diseño encajará en la formalidad moderna.

materiales de procedencia industrial

Algunos materiales asociados normalmente a un contexto industrial han irrumpido hace poco en la jardinería. Son sobre todo adecuados para un jardín de tipo minimalista, o en el que se observa una tecnología punta, y complementan de manera adecuada la moderna arquitectura. Quizá necesite a un contratista para obtener algunos de estos materiales, o puede comprarlos directamente a los proveedores de material de arquitectura o grandes comerciantes.

En las plataformas metálicas se utilizan láminas de aluminio con un modelo de superficie de fricción, que necesitan de un profesional para su instalación. Combinan bien con espectaculares diseños acromáticos de muros blancos, maderos pintados de negro, cristal y acero. El diseño de la plantación debe estar en concordancia. El follaje oscuro, como el de *Ophiopogon planiscapus* «Nigrescens», una herbácea de 30 cm de altura, se adapta a las condiciones, mientras que *Artemisia canescens* es más alta y esbelta, y *Onopordum acanthium* produce un marcado efecto.

El tipo de tela metálica propio de la sala de máquinas de los grandes barcos se ha utilizado con éxito en los jardines modernos para senderos, escaleras y balcones; es resistente e impermeable. Los puentes de rejilla transparente colocados sobre el agua o sobre las plantas permiten a la gente ver el paisaje a través de ellos. Todas estos acabados y superficies metálicas se mezclan bien con gravas, de color blanco o gris pálido, y contrastan de modo efectivo con el frío color gris de las plataformas de madera.

suave y sensual

En la vida urbana, los pies siempre están sometidos a prueba. Debido a esto incluso el jardín moderno más extremo con marcadas líneas de estilo formal debería recibirlos bien. Por este motivo, existe siempre un lugar en el suelo para el césped u otro material suave y táctil, como las plataformas de madera.

hierba

Las fluidas curvas o formas poco usuales que encontramos en determinadas situaciones pueden llenarse de modo eficaz con la ayuda de césped o láminas de corteza de árbol. Con frecuencia, en los jardines urbanos el césped se descarta debido al problema que supone almacenar la máquina cortacésped; pero la corteza de los árboles constituye un imán para las aves, de modo que, aunque inicialmente parezca formal, terminará por tener una apariencia muy familiar. También puede optar por grava (*véase* página 22), que se dispone con facilidad sobre la superficie de senderos y alrededor de las plantas como un acolchado, pero carece de la fresca fragancia del césped recién cortado.

Sin embargo, la hierba es más manejable, y en un pequeño jardín de estilo formal, una alfombra compacta de un impecable tepe segado resultará ideal y actuará como un felpudo que suaviza el suelo de madera. Para un diseño más atrevido, siembre césped y llene con él cuadros alternos, en un modelo en rejilla en el suelo, con brillantes zonas verdes alternadas con el color gris de la grava (como *Helxine*, *véase* página 90); hágalo preferentemente en una zona de poco tránsito, porque, de lo contrario, los dos materiales podrían mezclarse. Incluso en un diminuto espacio de estilo formal, es posible plantar césped que dibuje modelos lineales que realcen la textura del suelo. Si opta por esto último, elija el césped de mejor calidad y prepárese para segarlo una vez a la semana durante su crecimiento.

Si dispone de áreas extensas con césped, puede añadir una nota divertida con el ajuste de la altura de las cuchillas; utilice el cortacésped para crear diseños geométricos, rectángulos, curvas, círculos concéntricos o incluso laberintos planos.

Mientras la superficie sea cómoda para caminar por ella, no es necesario que el terreno sea plano. Puede dibujar en el espacio un dinamismo tridimensional, como en este rojo sendero de madera diseñado por Charles Jencks.

página siguiente *El césped bien segado proporciona un medio táctil para este contemporáneo laberinto basado en círculos concéntricos. Rodeado de un seto circular y con un árbol central, evoca un marcado ambiente espiritual.*

Marque los dibujos sobre la hierba con la ayuda de estacas y cuerdas que señalen los círculos o las líneas rectas. Las líneas deberán ser fáciles de seguir; si no es así, cambie el diseño.

plataformas de madera

La elección de una plataforma de madera constituye una agradable alternativa frente a la dureza de la piedra, y si la superficie es uniforme, soportará bien el tránsito continuo. Aunque no es nuevo, este material adquiere una popularidad cada vez mayor incluso en aquellos países con un clima húmedo, y como material lineal se

adapta bien en un contexto formal. Asociado a hormigón, piedra o baldosas, encaja bien con la edificación moderna y su apariencia resulta magnífica junto al agua. Debe ser de madera dura o de madera blanda tratada a presión; se puede utilizar pintura para colorearla, o conseguir sutiles efectos con la ayuda de tintes. La madera dura debe proceder de un material renovable. Elija madera de pino gigante escandinavo, que es más económica y posee una coloración marronosa. El cedro rojo occidental es un material tradicional para las plataformas de madera de coste medio, mientras que el roble americano, más caro, presenta una mayor densidad y, por tanto, es más pesado. Estos dos últimos tienen un atractivo color gris plateado.

Una de las mejores características de las plataformas de madera es la posibilidad de construir la zona externa de la casa del mismo material. El perímetro puede estar acotado por bancos y travesaños, junto a pérgolas que proporcionarán sombra y que pueden estar construidas con la misma madera, al igual que las mesas. Los senderos que parten de la casa, o que están integrados en el resto del jardín, se construirán asimismo con la misma madera; de este modo se consigue una agradable homogeneidad. El único contraste podría proceder de la colocación de entablados en ángulos distintos, o de la elección de diferentes amplitudes. Sin embargo, cuando se trate de unas escaleras o un cambio de nivel, puede optar por colocar la madera en una dirección distinta. Una edificación se verá reforzada con la madera en ángulo recto con el muro, a menos que existan escaleras que conduzcan a una plataforma, en cuyo caso es preferible una orientación horizontal. La introducción de diagonales supone un ligero desorden, pero añade una tensión creativa. En general, el diseño de la plataforma es marcadamente geométrico, y la repetición forma parte de su encanto. Los límites no deben ser abruptos; no obstante, en el resto del jardín pueden ocultarse a la vista.

En la zona donde la plataforma de madera se une al edificio principal es aconsejable disponer de un canal para el drenaje. Las plataformas están situadas por encima del nivel del suelo, bien sea éste de hormigón, o se trate de una zona cubierta por una capa de plástico negro bajo una buena capa de grava con el fin de dificultar el desarrollo de malas hierbas. Los erguidos pilares, sobre los cuales se colocan vigas y tirantes, se asentarán sobre una base de hormigón, y los clavos y el material similar será galvanizado. En el caso de climas húmedos, evite las plataformas de madera resbaladizas: puede elegir maderos con un modelo de encaje preciso, o una resina/agregado para ser añadida a la superficie de madera y asegurar una mejor adhesión. En la actualidad, es posible adquirir económicos módulos para las plataformas de madera a modo de «losetas» grandes.

3 0

extremo izquierda *Normalmente el diseño de las plataformas de madera resulta muy geométrico, y en este caso se han dibujado modelos lineales con márgenes que «se pierden» entre la plantación. La amplitud aparente de esta tarima se ve incrementada por su impecable reflejo en las puertas correderas de cristal.*

izquierda *Bonito detalle que enfatiza este pavimento de madera natural, con amplias losetas acabadas en estacas de madera entre las que se ha dispuesto grava.*

estilo arquitectónico

En este sencillo jardín de terraza, diseñado por el arquitecto Ian Chee, se ha utilizado una plataforma de madera para suavizar la construcción de acero galvanizado. El sendero de piedras de hormigón de estilo menos formal y las piedras naturales también contrastan con el edificio minimalista y proporcionan un aire montañoso al jardín, reforzado por los pinos de montaña (*Pinus mugo,* grupo Pumilio) plantados en macetas.

límites

La mayoría de las veces se busca una completa reclusión, pero en otros casos se elige el material de modo que ponga en relieve un aspecto determinado, o lo ilumine. Las divisiones del espacio interno pueden ser tan importantes como las que nos definen el espacio del jardín. Las estructuras verticales del jardín de estilo formal serán compatibles con el material seleccionado para el suelo, sin que se produzca un excesivo contraste en cuanto a textura y color.

muros

Los métodos tradicionales para la construcción de muros en los que se utiliza piedra o ladrillo resultan apropiados en los jardines modernos, pero si quiere conseguir un aire más contemporáneo, incluya algunas variaciones, siempre que simplifiquen el efecto global y eviten el aspecto rústico. Antes de construir un muro sólido, busque el asesoramiento de un profesional.

ladrillo

Los ladrillos hidráulicos de color azul intenso proporcionan muros oscuros que combinan bien con el hormigón y la arquitectura de cristal. Se pueden practicar orificios para enmarcar una vista si se da el caso, como ocurre en las sólidas paredes japonesas agujereadas con «verjas lunares». La argamasa puede colorearse con tonalidades claras u oscuras, con el fin de enfatizar el ladrillo y resaltar el diseño. No pinte nunca los ladrillos a menos que realmente sean poco atractivos, ya que después no podrá quitar la pintura sin destruir su superficie. Si el ladrillo ha sido tratado anteriormente mediante una pintura o un tinte, o si se encuentra en mal estado, puede revocarlo con una mezcla de tierra y cemento (hormigón).

revoque

El revoque es una valiosa forma de camuflar bien un ladrillo en mal estado o bloques baratos de hormigón prefabricado si se han empleado para rodear o dividir el espacio del jardín. Ello supone cubrir la superficie con una capa delgada de hormigón que proporcione una base uniforme, y tiene la ventaja de sellar las uniones; se dispone, de este modo, de una pared lisa y continua. Una superficie revocada es posible que presente un acabado liso, casi perfecto, o bien claramente rudo. La mezcla deberá resistir las heladas y se asentará gradualmente en condiciones húmedas, más que en condiciones secas y calurosas. Déjelo sin colorear, o aplique alguna pintura o tinte. La imitación del estucado nos retrotrae a tiempos pasados, donde los colores rojo tierra, terracota y amarillo ocre eran los más apropiados.

Diversos arbustos lucen bien en este sencillo esqueleto, se guían de forma aplanada y proporcionan un aire sobrio y contemporáneo. El membrillo ornamental en flor (*Chaenomeles*), por ejemplo, posee un elegante aspecto natural, y también puede guiarse contra un muro donde, incluso en invierno, presenta una apariencia estilizada gracias al oscuro esquema que dibujan sus ramas. En climas más cálidos, las ramas del florífero arbusto mexicano *Cestrum elegans* forman también un delicado acompañamiento. Según cuál sea el color del muro, opte por *Chaenomeles* de color blanco para un fondo de color fuerte, o *Cestrum roseum* «Ilnacullin» de color vino sobre uno de pálida luminosidad. En el caso de un estuco marcadamente coloreado, el carácter más robusto de una higuera en forma de abanico, *Ficus carica* «Brown Turkey», será lo más apropiado. Piense que los arbustos cubrirán en parte el muro, y será difícil volver a pintarlo. En el caso de un jardín de estilo minimalista, el muro desnudo será suficiente. Cualquier aficionado podrá acabar y pintar una pared, siempre que tenga la habilidad suficiente.

piedra

Toda la piedra es cara, pero la arenisca bien unida con argamasa y con un buen acabado lucirá maravillosamente en un contexto moderno. Los bloques de hormigón revestidos con placas de mármol o pizarra constituyen una opción más económica y logran el mismo efecto con la mitad de coste. Las piedras más uniformes, como

calizas o areniscas, son fáciles de manejar y de revestir con un sofisticado acabado que congenia bien con el moderno jardín de estilo formal. Encontrará algunas piedras en centros de jardinería.

La construcción de muros de piedra sin argamasa, en general, no encaja con la ética de estilo formal. Es posible realizar una unión con argamasa de forma que ésta no se note, o también rascar ligeramente para añadir sombras y sustancia al diseño. Sin embargo, las técnicas con muros sin argamasa cumplen un destacado papel en el sencillo jardín de estilo minimalista, donde se aprecia mejor la textura, y un muro construido con la ayuda de guijarros de río proporciona un ambiente bastante tranquilo. Asegúrese de que el muro de piedra se asienta de manera firme sobre una buena base de hormigón; la construcción de un elemento delimitador alto requiere la habilidad de un profesional.

superior izquierda *Una «inquietante» superficie de hormigón ondulante a la que se ha dado un baño de color rosado forma este dominante muro que se entrega contra una superficie de pequeños guijarros a ras de suelo.*

superior derecha *La cristalina agua de la fotografía nos revela el muro de piedra natural situado detrás, construido con delgadas láminas de arenisca aplanadas y colocadas horizontalmente.*

vallas

La palabra valla tiende a invocar una imagen rural, como la de unas verjas pintadas
de color blanco, o las más clásicas de travesaños, que encontramos en las antiguas
granjas: ninguna de ellas son apropiadas para el diseño moderno. Pero existen otras
formas de usar la madera para alcanzar un efecto más geométrico y marcado.
Normalmente, el sistema más simple alcanza el mejor marco de estilo formal, y su
colocación es bastante fácil, siempre que se utilicen buenos materiales y los postes
se fijen sobre una base de hormigón. El precio no es elevado, pero evite utilizar la
madera económica y aplique un tratamiento para resistir las condiciones adversas.

En el contexto moderno, las vallas pueden construirse de materiales distintos a la
madera, y los metales son, quizá, los más apropiados. Es posible formar paneles con
láminas de metal, de diseños abiertos, o con una malla de acero. Como alternativa,
elija entre varillas de acero, piezas de aluminio o tuberías de cobre colocadas
verticalmente, en horizontal o incluso en diagonal. El hierro colado o forjado
todavía tiene su papel, aunque no de la forma tradicional de ornamento.

madera

Merece la pena disponer de tablones para vallas especialmente fabricados por un
carpintero, en cuyo caso la decisión inicial será la elección entre madera dura o
madera blanda tratada a presión. La primera —como la de cedro, el pino gigante y
el roble— resulta atractiva por sí misma y cambia con el tiempo hacia un suave color
gris pálido. La segunda nos ofrece distintas oportunidades en cuanto al diseño, como
la utilización de pinturas o tintes que ponen de manifiesto la textura del material.
Las maderas blandas tratadas a presión durarán varios años y forman impecables
vallas de marcado estilo al pintarlas. No existe límite para los diferentes modelos
basados en el dibujo vertical de la madera. Utilice listones de sección cuadrada o
rectangular o postes redondeados; éstos pueden, además, ser gruesos o delgados;
espaciados o compactados; erguidos, en horizontal o diagonal; pintados o tintados.
Intercale listones anchos junto a otros de distinto grosor, o colóquelos en posición
horizontal, un poco separados. Los listones muy delgados con una sección cuadrada
formarán una apacible pantalla brillante cuando se colocan alternadamente.

derecha *En el Festival de Jardines de Chaumont celebrado en el valle francés de Loira se ha cercado un jardín original mediante paredes de sauce entretejido.*

derecha centro *Una hermosa espaldera de madera, fabricada con listones de sección cuadrada colocados en dirección vertical y horizontal, de modo que se intercalan.*

extremo derecha *La pantalla de delgadas ramas de abedul plateado posee una irregularidad natural que suaviza la formalidad del cerco y se une a los abedules de detrás.*

Cuando se han elegido para el pavimento materiales rudos con el fin de conseguir efectos potentes, como el hormigón o el granito, la tosquedad de los travesaños de tren constituye una virtud. La sólida superficie de marcada textura es impermeable y duradera, sin necesidad de ningún tratamiento. Colocados horizontalmente, estos maderos pueden utilizarse como elemento de contención, lo cual es una forma económica de obtener empedrados elevados o de colocar una terraza en niveles difíciles. La fijación con la ayuda de tornillos galvanizados y la construcción de una albardilla sencilla asegura que la pared sea duradera. Se puede idear un diseño suave, tanto para la madera dura como para la blanda.

La mezcla de otros materiales con la madera resulta sorprendente en un jardín donde, de otra manera, los detalles pueden quedar difuminados. El carácter del jardín nos indicará qué materiales se mezclan mejor, si bien debería consultar a un especialista para construir la valla. Los listones de madera dura colocados espaciadamente y alternados con delgadas tiras de acero pueden colocarse de forma vertical alrededor de un jardín arropado. Si busca una apariencia más refinada, las tablas de bambú en un marco de madera pintada añaden una influencia oriental.

metal

El metal es un material claramente chic y muy práctico para los jardines contemporáneos; dada su dureza, puede forjarse o fundirse delicadamente. El metal galvanizado —aluminio o acero— ha sustituido a las negras rejas de hierro del pasado. Su ingeniosa utilización produce doblados y retorcidos tubos prefabricados que forman diferentes modelos; pueden encargarse a firmas especializadas. Una sola vuelta producida en un poste recto, repetida en cada uno de los tubos en un nivel progresivamente superior, formará una agradable valla con un marcado carácter rítmico. Otra opción consiste en disponer de un modelo fluido a partir de tablones que se desplacen en una alternancia hacia adelante y hacia atrás, de manera que altere su apariencia a medida que pasa por delante. En el jardín contemporáneo, los tradicionales acabados no sirven, pero los artesanos que trabajan este material diseñarán magníficas vallas de metal con detalles manuales de bronce o latón.

Los metales pueden pintarse con un color brillante o con tonalidades más pálidas, que proporcionarán una apariencia más sutil. Recúbrelos con un polvo metálico distinto del material principal si quiere añadirle intensidad. Como alternativa, los tubos y postes pueden estar sellados, galvanizados o dejar el moho, según el metal. Los enrejados pueden ser de acero inoxidable o cobre, y tener un aire marcadamente minimalista. El acero inoxidable pulido puede emplearse para formar un armazón abierto, grande, que situado contra una pared revocada y coloreada y sin plantas trepadoras será suficiente. Los tablones perforados de acero o los de alambre entretejido tampoco necesitan plantas, pero constituyen robustas barreras a prueba de ladrones y permiten, al mismo tiempo, el paso de la luz. El ondulado

ritmos de luz

Diseñada por Topher Delaney con una marcada sencillez que resulta elegante, esta valla se ha construido a partir de secciones planas de acero pintado de color azul, sin barras que las crucen, pero colocadas lo suficientemente juntas como para garantizar la seguridad. Este material contemporáneo define con claridad el límite del jardín sin obstaculizar la vista, al tiempo que crea una marcada sombra rítmica sobre el camino. Visto a través de la valla, el maravilloso paisaje del bosque se convierte en parte del jardín.

metal galvanizado añadirá estilo a los jardines muy modernos pero, aunque posee una apariencia inmaculada cuando es nuevo, se convierte en rústico y «desastrado» con el paso del tiempo. Las tuberías aplanadas de cobre se cubrirán de moho, lo que, sin embargo, confiere una valiosa calidad. Cuando se disponen entrelazadas y retorcidas, contra ladrillos o un fondo pintado, es preferible no usar plantas. Cualquier encargo especial para trabajar un metal tendrá un precio elevado, pero puede optar por un trabajo creativo más económico, como tablones ya hechos, que se pueden adquirir en centros dedicados a la venta de vallas metalizadas.

La valla de metal más invisible consiste en un alambre utilizado en navegación, tensionado y colocado entre postes de metal. El acero inoxidable raramente forma parte integrante del jardín, aunque supone un valioso soporte para plantas. La alta resistencia a la tensión, que implica soportar incluso trepadoras pesadas como *Wisteria sinensis* o *Clematis montana*, se hace evidente. La seguridad en las terrazas ajardinadas es otro uso para el alambre tensionado, ya que no se rompe —aunque deja pasar el viento a través de él, lo cual tiene un efecto devastador sobre las plantas.

linderos translúcidos

Una transparencia total puede ser deseable junto al mar, cuando se mira hacia un patio abierto pero, como sucede siempre en el jardín, la protección frente al viento resulta vital. En las terrazas ajardinadas o en los espacios urbanos, el cristal unido mediante silicona, adquirido en un proveedor especializado, es caro pero maravillosamente efectivo, sobre todo cuando está grabado en parte con ácido y es opaco. Podemos conseguir un efecto similar, aunque más ligero, con una hoja de policarbonato, más económico, disponible en los comercios especializados y que resiste la degradación ultravioleta. El plexiglás esmerilado también proporciona una oclusión total. Las plantas que se desarrollen junto a él dispondrán de suficiente luz, pero si quiere lograr el mejor efecto, debe proporcionarles la forma adecuada: *Cornus controversa* «Variegata», guiada horizontalmente, o *Ilex crenata* recortado ornamentalmente en forma de nube, son excelentes opciones, así como grupos de plantas herbáceas: *Digitalis ferruginea*, de porte erguido, o *Eremurus bungei*.

Si busca efectos más sólidos, forme translúcidos muros de ladrillos de cristal (*véase* fotografía de página 26), de fácil disponibilidad en la mayoría de comercios de material de construcción. Existen diversos modelos, y la luz que pasa a través de ellos es de calidad. Los ladrillos de cristal son muy fuertes y pueden estar unidos mediante una argamasa como los ladrillos normales. Funcionan muy bien con el hormigón, coloreado o no, y la piedra.

extremo superior *Las tuberías de cobre aplanadas, entrelazadas y bien fijadas, en un ingenioso diseño de Julia Brett, forman un extraordinario enrejado, con un ejemplar de* Acer palmatum *«Sango-kaku» que crece entre ellos.*

superior *Tablones de acero inoxidable forman una valla elegante y segura, diseñada por Eva Jiricna.*

aspectos

Además de proporcionarnos una maravillosa oportunidad de estar cerca de la naturaleza, los jardines también son lugares adecuados para el movimiento y el descanso. El diseño puede invitarnos a su exploración, pero todo jardín debería disponer de una zona para el retiro y la reflexión. En un jardín con una planificación geométrica, encontraremos zonas por donde transitar, senderos que convergen o un sencillo punto focal que necesariamente nos llamará la atención. Y en el jardín asimétrico, con una forma más abstracta, se da también el deseo de disponer de una zona tranquila. Cuando esto ocurre, la contemplación de un simple detalle se convierte en parte intrínseca de la experiencia que nos ofrece el jardín. De este modo, la elección del mobiliario, bajo cuya sombra relajarse, la inclusión del agua y de los diversos elementos relacionados, la manera mediante la cual se ilumina el jardín durante la noche y otros detalles, como las macetas y esculturas, son una importante contribución. Todos estos elementos deberán estar integrados formando un nexo lógico y placentero que nos indique el carácter formal del jardín.

Este sencillo pabellón circular constituye un lugar para el descanso entre las texturas de un prado silvestre y con la vista sobre el paisaje circundante.

*El mobiliario de plástico blanco proporciona un lugar donde comer
en una terraza de sencilla elegancia diseñada por Richard Unsworth.
Combina bien con macetas grandes de hormigón en las que hay plantados
formios y con un pequeño estanque donde crecen algunos nenúfares
enanos.*

mobiliario

Lo que la gente busca en un jardín moderno de estilo formal no difiere
excesivamente de los requisitos de los demás jardines, presentes y pasados —es decir,
sentido práctico, comodidad y belleza—. El estilo del mobiliario debe mantenerse en
concordancia con el espíritu del jardín, de modo que en los espacios diseñados sobre
principios geométricos, las formas y líneas sencillas resulten esenciales; por contra,
los elaborados diseños ornamentales no tienen cabida. Existen distintos materiales
nuevos entre los que elegir, así como diferentes maneras de utilizar los tradicionales
que se adaptan a la elegancia de la contemporaneidad moderna. Con frecuencia, el
mobiliario encargado a un diseñador puede funcionar también como escultura, pero
si va a sentarse en él, asegúrese de que no se sacrifica la comodidad en aras del
diseño. Mientras que la creatividad y la inventiva nos empujan a ir hacia adelante, un
claro sentido de la oportunidad nos enseñará a hacer un uso adecuado del elemento
original; así, hoy en día podemos disponer de asientos hechos a partir de losetas
de mármol, dinteles de piedra antigua o fragmentos de pilares de piedra.

Si se ha ideado el mobiliario como el centro importante del diseño, podremos
verlo sin dificultad cuando lo observemos desde la distancia, ya que destacará tanto
por su estructura como por su colorido. En este caso, los asientos de gran tamaño
pueden tener una forma compacta claramente dominante, y las tonalidades pálidas
serán las más adecuadas. En espacios más íntimos o cerrados, los asientos pueden
verse «arropados» por el entorno. Los diseñados para tener un papel más discreto
pueden ser de aluminio ligero, metal apizarrado o alambre, de forma que sean
semitransparentes. Integrado en el edificio, podemos optar por un simple banco
soportado por dos muros bajos de ladrillos de cristal.

hormigón

En un espacio con un diseño de tipo formal, con frecuencia es preferible que el
mobiliario forme parte de aquél, inamovible en su espacio: el hormigón, en este caso,
constituye el material ideal. Si el estilo es claramente minimalista, deberá utilizarse

4 0

derecha *Usando como soporte un suave muro de hormigón, este plácido banco de madera nos ofrece la oportunidad de poder descansar y además con él se ahorra espacio.*

extremo derecha *El banco de una pálida caliza incorporado contra un bloque a modo de muro configura un apacible rincón para sentarse bajo el sol, sin perturbar la unidad formal del jardín.*

hormigón idéntico al del pavimento y formará parte de la estructura arquitectónica del jardín. El hormigón prefabricado con un grosor medio puede emplearse junto a un material de relleno de piedra y hacer que tenga una apariencia de piedra auténtica, o también se puede optar por pintar o resaltar la textura.

No es necesario construir un asiento para el jardín que sea obligatoriamente un banco; bastará con disponer de una base rectangular sostenida por cuatro patas: en el siglo XXI, la inspiración procede de la corriente estructural del aerodinamismo. Formado como un líquido, el hormigón puede amoldarse a una armadura de acero para crear todo tipo de fluidos o figuras geométricas. Los bancos incorporados al muro ahorran espacio, y es posible añadir «mesas» ligeras en cualquier extremo. Otra opción consiste en moldear una gruesa tira de hormigón hasta conseguir una sinuosa curva serpenteante que toque el suelo sólo por dos puntos. El hormigón debe mezclarse bien y secarse lentamente mientras está húmedo, pero este trabajo es mejor que lo realice *in situ* un especialista. Este versátil material se erosiona como la piedra y, con el paso del tiempo, adquiere una ligera coloración, pero si quiere conservar la apariencia inicial puede realizar una limpieza a presión.

metal

Para el jardín de diseño geométrico, sin duda moderno, el mobiliario metálico sustancial, inamovible, tiene un papel determinado. La diferencia entre el acero moderno y el hierro fundido del pasado reside en la mejora, que ha conducido a una línea de diseño más estrecha. Existen infinitas posibilidades para las formas incorporadas a un muro, o a los diferentes elementos duros del jardín, y que han sido diseñadas por un arquitecto, con acero cromado o barnizado. Pero es posible adquirir una amplia variedad de mobiliario de metal suelto, y comparado con los fabricados por un diseñador será más asequible. Las sillas y mesas modernas hechas de acero inoxidable anticorrosivo pueden presentar un acabado cromado o satinado, o estar perforadas para conseguir un efecto de encaje. Los metales galvanizados, como el hierro o el acero ligero, no se oxidan en el exterior, lo cual hace que sean útiles para el jardín; todas las fijaciones deben ser cromadas, o revestidas de latón.

Las nuevas aleaciones de metal pueden estar recubiertas por un amplio abanico de colores, entre los cuales se incluye el plateado, el verde, el azul y el rojo, y este recubrimiento en forma de polvo proporciona una superficie más duradera que la pintura. También podemos hacer que el metal presente una apariencia más ligera si usamos una aleación de aluminio muy robusta con asientos y respaldos de alambre galvanizado. Si busca un contraste más acusado, combine el metal con tablas de madera, plásticos entrelazados o resinas de fibra de vidrio coloreadas. Si quiere estar cómodo, los cojines entretejidos son esenciales para este tipo de mobiliario.

madera

El mobiliario de madera siempre estará presente; funciona bien por sí sólo con las sencillas líneas del estilo formal contemporáneo y es una opción práctica si quiere comer en el exterior. Los elementos que pueden transportarse de un lugar a otro permiten cambiar por completo la dinámica del jardín.

Es preferible que los asientos de madera estén fabricados con maderas duras, aunque la blanda tratada a presión resulta una buena alternativa si está bien pintada. Asegúrese de que la madera dura no tiene taninos incorporados, ya que pueden tardar un año en ser exudados, tiempo durante el cual podrían teñir un suelo pálido.

Cuando las dimensiones del jardín son reducidas, los asientos de madera pueden construirse como parte del diseño. En lugar del pesado hierro colado utilizado en el pasado, con frecuencia los bancos se apoyan sobre patas tubulares negras de aluminio o arcos de acero ligero, o bien forman parte de la edificación con una firme base metálica o de hormigón. Si el banco es todo de madera, debe colocarse sobre una piedra o sobre hormigón, ya que incluso las tablas de madera tratada duran más tiempo cuando no están en contacto con el suelo húmedo.

Los asientos y las mesas de madera dura pueden dejarse en el exterior durante todo el año, pero es mejor guardar el mobiliario pintado en invierno. Una luz solar fuerte, junto a la humedad y las heladas, afecta a toda clase de maderas, de modo que una vez al año deberá tratarla con una sustancia especial o bien repararla. Si el mobiliario es de cedro o de roble, no será necesario, ya que ambos resisten bien y acostumbran a adquirir una tonalidad gris pálido. Compruebe que las fijaciones metálicas no se han oxidado.

Hoy en día existen muchos artesanos que trabajan la madera y ofrecen un mobiliario distinto y original que podrá admirar en las exposiciones de centros de jardinería y en los numerosos anuncios de las revistas. Este tipo de mobiliario no se fabrica en grandes cantidades, por lo que no resulta económico. La ruptura con la tradición ha producido atractivas opciones también para el mobiliario de madera «en serie». A partir de un tratamiento a presión y con vapor, es posible disponer de asientos para bancos de madera con una superficie ondulante, donde la persona se acomoda en una suave inclinación. También existen elegantes asientos con un aire clásico, simétricos y de acabados contorneados. Un carpintero puede fabricar un banco curvado con una madera plana.

inferior izquierda *Este jardín urbano minimalista, diseñado por Stephen Woodhams, se beneficia de un mobiliario transparente hinchable, fácilmente desmontable.*

inferior centro *Los asientos de tablas de madera se adaptan al patio de estilo formal del mismo modo a como lo harían en la cubierta de un barco, con las sombras que forman un diseño lineal sobre el pavimento de ladrillos. Si busca mayor comodidad, añada algunos cojines.*

inferior derecha *Ha habido una renovación del banco como elemento a utilizar en el jardín contemporáneo. En este caso, un asiento ondulante, formado por tablones de madera sobre una estructura de acero ligero, muestra una apariencia impecable frente a un muro gris revestido de piedra.*

Rodeada de un bosque, esta plataforma formada por dos piezas de madera nos proporciona de manera ingeniosa una mesa fija rodeada por un asiento, sobre el cual se refleja la moteada sombra de un árbol. La minimalista plantación compuesta por lirios y Stipa tenuifolia crece entre los guijarros situados junto al agua.

El mobiliario vivo de madera también ha alcanzado una nueva popularidad. La artesanía clásica que utilizaba madera de sauce entretejida se ha visto rejuvenecida, pero las formas son más simples que las tradicionales «cestas». Dentro de la modernidad de los actuales jardines de estilo formal, las irregularidades proporcionan un fuerte contraste con los materiales duros del jardín tratados inmaculadamente. Puesto que con frecuencia en el jardín urbano la intimidad resulta importante, una glorieta —es decir, un asiento cubierto con un techo y paredes— nos ofrece sombra y reclusión al mismo tiempo. Las cañas y el sauce pueden moldearse de las formas más satisfactorias, con brazos extensos y un techo.

plásticos

Este material duradero está al alcance de cualquiera, aunque el precio reflejará la calidad. En el caso extremo de los plásticos más económicos, con frecuencia se funden en reproducciones que imitan a los que originalmente eran de hierro colado.

Tienden a ser vulnerables frente a heladas y la luz ultravioleta durante el verano, lo que provoca su ruptura. Si el jardín se encuentra en una zona expuesta, el mobiliario ligero se verá afectado por el viento.

El mobiliario de plástico de buena calidad es más duradero, aunque también más caro. Los diseños que respeten la naturaleza líquida del material resultarán elegantes y modernos, con gran pureza de líneas. Estos plásticos pueden ser prefabricados con fibra de vidrio, y moldeados en una forma armoniosa y orgánica. La base de una silla, por ejemplo, puede ser un «estanque» redondeado, a partir del cual un tallo único, bien tensado, soporta el asiento curvado y el respaldo. Actualmente, existe un resurgimiento de la sencillez que caracterizaba los diseños de los años cincuenta y sesenta con el empleo de los nuevos plásticos. Encontramos superficies mate en sofisticado blanco, negro y gris para el jardín de limitada formalidad; los colores brillantes se adaptan perfectamente a la ética del jardín moderno en el cual no existen límites.

construcciones del jardín y estructuras

Muchos jardines cumplen la necesidad de un refugio. Éste puede adoptar la forma de un pequeño anexo, inclinado respecto a la pared de la casa, o una casa de veraneo aislada, un pabellón, un cenador o incluso un estudio construido con tal propósito. Si no está oculta, es preferible que una edificación como ésta forme parte del estilo del jardín, en proporción con el espacio y a escala de los habitantes. En jardines con un diseño formal, no caben los estilos rústicos o nostálgicos, pero existen muchos diseños contemporáneos que emplean materiales nuevos o tradicionales.

44 ### pérgolas y arcadas

Las sombras que proceden de los soportes para plantas y otros elementos colocados por encima del nivel del suelo han formado parte del jardín tradicional. La madera era el material usual para los senderos con pérgolas, soportada o bien por pesados pilares de ladrillo o por postes de madera. Actualmente se buscan los mismos placeres, aunque el metal es el material utilizado con mayor frecuencia. Por otro lado, la apariencia global de la pérgola ha variado poco, y puede ser rectangular o arqueada; sin embargo, en las versiones modernas, la escala y las proporciones se han visto reducidas de alguna forma. Además, tienden a ser menos elaboradas que las tradicionales, con menos plantas.

La instalación de algunas arcadas y pérgolas resulta muy sencilla y económica, y pueden estar fabricadas de aluminio ligero, recubierto de plástico. Estos sencillos marcos de forma arqueada pueden anclarse facilmente en el suelo y, siempre que a través de ellos crezcan plantas de poca envergadura, soportan bien la acción del viento. En el pasado, las clásicas, sencillas y amplias arcadas permitían caros arabescos con variadas y retorcidas especies trepadoras; hoy en día, éstas combinan perfectamente bien con el estilo formal contemporáneo mientras cruzan amplios senderos. Las clemátides son las trepadoras ideales para esta situación: procure evitar plantarlas en una bolsa de aire frío y asegúrese de que las raíces se encuentran a la sombra.

Si quiere intentar que la pérgola sostenga especies más pesadas, los postes deben ser lo suficientemente fuertes y altos, a ser posible de 2,5 m, para dejar que trepadoras como la glicina o los rosales se enreden por encima de la cabeza del paseante. Si son de madera, las vigas y traviesas serán profundas (150-200 mm), con un grosor medio de 50 mm para evitar su deformación. Asegure bien las bases en el suelo con hormigón para que puedan soportar los vientos fuertes.

En el caso de un edificio moderno de hormigón, cristal y acero, el valor arquitectónico que supone utilizar una «construcción» más pesada con vigas de acero (normalmente ocultas dentro del hormigón) para una pérgola estriba en el hecho de que ésta encaje bien en el jardín. Estas vigas estructurales unen la casa y el jardín, para definir una sola línea y un volumen tridimensional de gran sencillez. Con ayuda de un andamiaje, logrará el mismo efecto, si bien será más ligero y a un precio más económico.

En general, las pérgolas están abiertas a ambos lados, pero en algunos jardines contemporáneos encontramos un panel que cubre alguno de los lados con el fin de ocultar una vista poco atractiva. Los tablones opacos de policarbonato colocados como lindero permiten el paso de la luz, y el acero inoxidable crea sombras a ras de suelo en todo el camino. Otra opción consiste en utilizar una lona tiesa, por encima, a modo de pantalla. Sin embargo, en ausencia de una cubierta superior, piense en el fuerte follaje de las trepadoras de hojas grandes, como el lúpulo dorado (*Humulus lupulus* «Aureus»), o la vid *Vitis coignetiae*.

doseles y toldos

El jardín no debe resultar incómodo, y ello es evidente cuando los asientos constituyen un medio por donde se filtra la luz. En zonas calurosas, los doseles protegen del sol al tiempo que permiten que pase un poco de luz a través de ellos. Podemos elegir entre tejidos opacos o translúcidos, poliéster antiincendios recubierto de PVC, fibra de vidrio revestida u otros materiales no excesivamente caros que pueden soportar el

Una pérgola de madera pintada de azul y una espaldera definen una arcada de diseño geométrico sobre el césped, a la que se accede con la ayuda de unas escaleras construidas con travesaños de ferrocarril.

Isabelle Greene diseñó esta sólida pérgola de madera fijada contra resplandecientes muros blancos revocados. Las traviesas construidas a partir de gruesas estacas se asientan sobre fuertes vigas redondeadas tan voluminosas como un mástil de barco.

Esta plataforma de madera
diseñada por el arquitecto
Gabriele Poole, de listones
paralelos a las paredes y las
puertas de cristal de una casa
de estilo contemporáneo, se ha
cubierto en la parte superior con
un toldo de lona tiesa. El valioso
elemento diagonal de los soportes
metálicos provoca un efecto casi
de voladizo, y éste se une al
banco metálico que se halla
en los límites de la terraza. El
sencillo mobiliario de color negro
y crema mantiene el carácter
formal. Los doseles permanentes
como éste requieren de una
considerable ingeniería en cuanto
a los tejidos y la utilización
de alambres y cuerdas tensoras,
lo cual no resulta económico;
existen fabricantes especializados.
Los materiales pueden estar
cosidos, y el dosel se aguanta
sobre una fuerte base de acero
reforzado.

terraza moderna

viento y el mal tiempo. La tela ligera parecida al percal puede adornarse como las persianas, encordada sobre un alambre tieso o enrollada sobre un tambor de madera, para proteger una zona de asientos bajo el sol del mediodía.

cenadores

Si el cenador se encuentra en un lugar visible, la construcción dominará la vista a menos que sea del mismo material que la casa. O podría ser de color pálido si está construido de madera pintada, o transparente si domina el cristal; en ambos casos puede constituir una base para una estructura de apariencia más espectacular o una instalación arquitectónica enfrente. Los cenadores aislados normalmente presentan una forma rectangular, hexagonal, cuadrada, octagonal o circular; es preferible que la geometría básica sea sencilla, con pocos adornos. Puede disponer de un cenador a medida, ideado por un arquitecto o un artesano, como un elemento más que se acople al diseño del jardín. Cuando coloque las sillas, deberá tener en cuenta las vistas —quizá le apetezca disfrutar de un bonito paisaje durante su tiempo de ocio—. Otra posibilidad es optar por una placa giratoria que siga el calor del sol. Es posible utilizar la parte posterior para guardar las herramientas de jardín; se elimina, así, la necesidad de un cobertizo.

Desde el punto de vista práctico, las edificaciones exteriores deben ser impermeables y estar construidas sobre una base sólida. El aspecto es una consideración importante; la mayoría de cenadores se construyen en una parte soleada del jardín de forma que nos proporcionan sombra cuando el calor es más fuerte. Si la temperatura sube, necesitará persianas, tanto para refrescar como para dar sombra al edificio; puede elegir entre madera o losetas de aluminio que simulen los modelos lineales de persianas venecianas. Si busca una apariencia suave, lo más efectivo es utilizar una estera roja de hilo, cañas de bambú seccionadas y unidas entre ellas o tela de algodón endurecida. Puede recogerlas mediante un sistema de enrollamiento o uno de tiro, con un rodillo o un plegado de concertina.

Tradicionalmente, los cenadores se construían con una madera dura como el cedro rojo occidental, el abeto de Douglas, el cedro o el roble. Las maderas blandas tratadas a presión pueden ser relativamente duraderas, sobre todo si se cubren de pinturas protectoras o tintes microporosos para uso en el exterior. Pero el marco podría ser asimismo de metal, acero o aluminio, y las paredes construidas de cristal transparente, endurecido, tintado o grabado. Los plásticos nuevos resistentes a la luz ultravioleta, como la hoja de policarbonato, también formarán ventanas y paredes translúcidas u opacas. Si están engoznadas o son movibles, la estructura podrá permanecer totalmente abierta cuando el calor aprieta.

Para un aspecto más contemporáneo, cubra el tejado con tepes. Funciona mejor si está inclinado, aunque también será efectivo cuando esté aplanado. En un diseño austero y moderno, la presencia de un tepe en el tejado resulta sorprendente a la par que atractiva. El tejado necesita una base almohadillada sobre la cual colocar una capa impermeable de plástico resistente, junto a una base de plantación que incluirá fibra mineral o un compost ligero. Coloque el tepe y riegue bien; oculte las tuberías detrás de la estructura. Mantener el tepe de tejado resulta extremadamente fácil: elimine las malas hierbas invasoras una o dos veces al año y recorte las hierbas con las cizallas. El cenador le proporcionará tanto un aislamiento térmico como sonoro.

47

derecha *Este intrigante cenador posee una característica apariencia «artesanal», pero el suave y empinado tejado se ha construido con fibra de vidrio.*

extremo derecha *Aquí nos encontramos frente a una sombría casa construida a partir de unas espalderas de madera dura, con un entretejido compacto, que filtran la intensa luz solar. Las flores de color blanco de* Clematis terniflora *trepan sobre el tejado.*

Este jardín de marcada imaginación, diseñado por Vladimir Sitta, utiliza materiales de calidad como el bronce, el cual se mueve ligeramente al pisarlo, en el sendero que conduce a la entrada. Al hallarse tan sólo a unos pocos centímetros por encima del nivel del agua, el camino puede desaparecer por debajo de ella. El estanque se alinea con el granito, y se han dispuesto algunas plantas acuáticas en recipientes de cobre. La influencia oriental se percibe con el bambú.

agua

El agua constituye un maravilloso medio para expresar la esencia del jardín. Siempre ha desempeñado un papel importante, desde los jardines mongoles, los paradisíacos jardines persas, los españoles, hasta los extravagantes jardines de agua de la Italia neoclásica. En términos contemporáneos, el tratamiento del agua es tan importante como lo era en el pasado, pero actualmente se pone el énfasis en la sencillez. Los jardines modernos celebran la calidad del agua sin perderse en los detalles y la grandiosidad que la ha caracterizado durante siglos, con abundantes fuentes y estatuas de leones. En la actualidad podemos encontrarnos frente a un sencillo fluir que irrumpe en la superficie, o un profundo y tranquilo arroyo que refleja la luz del cielo; puede ser un potente chorro o, sencillamente, un reguero de agua sobre un mohoso terraplén.

En los jardines actuales se exploran todos los aspectos del agua: la transparencia, la quietud, el sonido, el silencio, la energía. Puede reducirse a diminutas gotas e incluso utilizarse para obtener vapor de agua, ocultado entre brumas a través de las cuales poder extraviarnos. Gran parte de estos recursos eran inalcanzables en el pasado, pero hoy en día es posible elegir entre diversas técnicas controladas eléctricamente. Sin embargo, la creación de semejantes efectos requiere de cierta habilidad y debe tenerse en cuenta el volumen, la velocidad, el peso y la potencia del agua para que el diseño parezca espontáneo.

aguas estancadas

Las aguas estancadas captan la luz del cielo y la llevan a ras de suelo; las nubes reflejadas parecen agruparse, los árboles dibujan ondulaciones y el suelo adquiere vida. Los alargados canales de agua, como los arroyos, que discurren en paralelo o en ángulo recto al edificio contiguo, enfatizan la tranquilidad del espacio de estilo formal. O con sólo un ligero saliente se puede crear un estrecho y oscuro lugar de retiro alrededor del estanque, dejando, en consecuencia, el agua y el pavimento al mismo nivel.

derecha *El agua sale desde un pozo cuadrado y desciende hacia un estanque poco profundo. El tronco plateado del abedul y la delgada tubería de perspex se reflejan en él, todo ello animado por la formación de burbujas de aire.*

extremo derecha *Este estanque poco profundo, de Topher Delaney, tiene un diseño de cuadrícula en el cual las macetas cuadradas de hormigón contienen lirios (Zantedeschia aethiopica), rodeados por un acolchado de blancos guijarros. En el muro, los cables de acero inoxidable sujetan a las trepadoras.*

Para mantener un estanque libre de algas, la profundidad del agua deberá ser al menos de 45 cm. Puesto que el agua estancada no tiene movimiento, es conveniente airearla de vez en cuando para mantenerla limpia; con la instalación de una bomba de agua se facilitará ocasionalmente la circulación. Los filtros también le ayudarán en la limpieza, mientras que las plantas oxigenadoras (*véase* página 50) colaboran en el mantenimiento de la transparencia. Si la luz solar resulta excesiva, piense en utilizar alguicidas o cubrir de manera parcial la superficie con la ayuda de algunas plantas adecuadas. Los nenúfares (*Nymphaea*) son los mejores para aguas estancadas; sus aplanados discos foliares rompen los reflejos producidos y congenian bien con la moderna simplicidad.

Existen algunos nenúfares de hojas grandes, tanto especies resistentes como tropicales, así como diminutas formas enanas. Las flores, que sobresalen ligeramente por encima de la superficie, pueden ser de color blanco o de distintos tonos de amarillo, rosa o rojo intenso; algunas poseen una clara forma de copa, mientras que otras son típicamente estrelladas. Elija con cuidado la variedad que va a cultivar, de acuerdo con su resistencia y tamaño, y de la profundidad del estanque.

agua en movimiento

Movimiento no implica necesariamente agitación. Un estanque donde el agua discurre hacia un canal es lo ideal para un jardín contemporáneo de estilo formal,

extremo izquierda *Las cortinas de tela fina de nilón nos conducen a un recinto circular. Están recubiertas de agua que atraviesa un andamio superior perforado, lo que crea una diáfana pantalla.*

izquierda *Burbujas de agua fluyen a través del corazón perforado de la estructura, formado por pilares de arenisca lisa, cortada de forma precisa, para descender hacia la base cubierta de guijarros.*

y una corriente uniforme y lenta nos sugiere con claridad el paso del tiempo. El agua puede ofrecer el carácter viscoso del aceite, que se desliza de modo sugerente y deja sólo una parte a la vista para demostrar que nada permanece inmóvil. Las estructuras con agua de movimiento lento, que con frecuencia se sitúan a la altura de la mano, se colocan, a menudo, en los jardines de estilo minimalista. El escultor Luis Barragán revela la sencilla elegancia de estos esquemas en algunos de sus patios mexicanos.

Es posible explotar el carácter del agua en movimiento de diferentes maneras para lograr un efecto escenográfico. Cuando el agua está en movimiento, se formará una espuma que, unida a semejante volumen agolpado, nos levanta el ánimo, como sucede en el famoso jardín de agua de Villa d'Este, al norte de Roma, un laberinto de fantasía acuática que cae de forma ininterrumpida en la piedra situada debajo. Es posible que se dé un fluir continuo en los actuales jardines, más tranquilos y pequeños, y, en ocasiones, puede ser necesario volver a una suave salpicadura. Afortunadamente, disponemos de la potencia eléctrica necesaria para controlar una agitación como ésta, de modo que es posible dominar a tiempo los espectaculares efectos mediante un mecanismo adecuado.

Existe un amplio abanico de especies aptas para su plantación en el agua en movimiento, aunque en el caso de un jardín de estilo formal es preferible introducir una o dos —la idea no reside en disponer de un estanque «silvestre»–. La profundidad de la plantación es un factor importante, y deberá pensar en ello cuando se encuentre en la fase de diseño, antes de instalar el estanque. Coloque los estantes donde vayan a cultivarse las macetas, las cuales tendrán una profundidad de entre 10 y 20 cm. Las plantas acuáticas se venden con una profundidad recomendada por encima del suelo, de esta manera los estantes deben estar lo suficientemente profundos como para sostener la maceta y la planta a esa profundidad. En caso de duda, coloque a mayor profundidad los estantes, ya que puede aumentar la altura de la planta con la ayuda de una piedra o un bloque de ladrillos.

Las plantas para márgenes pueden plantarse directamente en agua poco profunda (2,5-7 cm). La caléndula pantanosa blanca (*Caltha palustris* var. *alba*) es un ejemplo; crece bien en suelo húmedo en el margen de un estanque o con sólo 2,5 cm de agua (es decir, con la parte superior de la maceta 2,5 cm por debajo del nivel del agua). *Houttuynia cordata* «Flore Pleno», con su acorazonado follaje de color verde azulado, necesita sólo entre 5 y 10 cm de agua. El acomodadizo lirio de agua (*Iris pseudacorus*), de 80 cm y forma lanceolada, puede cultivarse en un suelo húmedo a no más de 15 cm de profundidad. Éste, además, queda muy bien en los modernos jardines de estilo formal gracias a su follaje y sus elegantes flores. Por debajo de la superficie del agua, las plantas oxigenadoras, como la espiga de agua canadiense (*Elodea canadensis*) o, para el verano, la espiga de agua rizada (*Potamogeton crispus*), ayudan a mantener limpio el estanque, si bien deberá arrancarlas y dividirlas antes de que resulten invasivas.

surtidores

La estática naturaleza de los modernos jardines de estilo formal puede cambiar de forma rápida mediante surtidores de agua controlados automáticamente. En este caso, el agua forma una serie de arcos que salen de surtidores colocados al azar en la pared, para terminar en un estrecho canal adyacente a una piscina de un jardín caribeño. Grupos de lirios y papiros rompen las líneas horizontales de este sencillo y moderno diseño.

Este puente sigue una ondulante ruta que invita a explorar la superficie del agua y los nenúfares, y nos ofrece una clara reminiscencia de los jardines en zigzag japoneses, diseñados para alejar a los malos espíritus. La superficie de hormigón posee la uniforme e insustancial apariencia de una acuarela o un bronce verdigris.

pequeñas estructuras con agua

En los modernos jardines pequeños, el agua bombeada y reciclada puede salir por canaletas, algunas veces elevadas, deslizarse suavemente por paneles de cristal o emerger como en una presa a través de una hendidura en la pared. Puede seguir la forma de una hoja de metal, como el acero inoxidable de acabado satinado, que contrasta con la pulida transparencia de la hoja de agua, o el cobre deliberadamente oxidado para crear un verdigris con tonalidades verde jade. A veces, encontramos un vórtice arremolinado donde el agua es conducida a través del orificio central de un disco de hormigón, con un magnetizante efecto. El agua también se puede controlar para que gotee a través de una sucesión de recipientes, colocados de manera silenciosa en un pequeño estanque. Con una casi minimalista formalidad, resbalará sobre un saliente de pexiglás y formará una suave y transparente exclusa. Los chorros de agua controlados mediante un «ordenador», que brota desde una serie de orificios situados en el suelo, se utilizan para crear una escultura de agua tridimensional, en continuo cambio. Las opciones son ahora ilimitadas.

Las bombas eléctricas, que hacen circular el agua, se pueden ocultar como parte del diseño —detrás de un muro o de una escultura, por ejemplo— o sumergir en el agua. En ambos casos se deben limpiar una vez al año. El tamaño y tipo de la bomba dependen del volumen de agua y de lo que se espera de ellas. Las bombas pueden funcionar desde una tubería o mediante un transformador, y es aconsejable buscar la ayuda de un experto que practique los ajustes oportunos al volumen o carácter de las fuentes o salpicaduras.

superior derecha *Una canaleta vierte el agua en una piscina poco profunda, cuyo fondo está cubierto por uniformes y aplanados guijarros. Este diseño se ve reforzado por el dibujo de mosaico de los guijarros que realzan la textura de la zona de alrededor.*

derecha *En Le Jardin de l'Imaginaire en Terrasson, Francia, los chorros de agua a diferentes alturas emergen desde una rejilla con orificios situada a ras de suelo. Los chorros más delgados producen delicadas salpicaduras que animan y refrescan el jardín.*

El cubo de metal galvanizado que cobija a este cardo (Cynara cardunculus) posee una escultural presencia en la terraza construida con materiales modernos y diseñada por Paul Thompson. La herbácea alta y con numerosas ramas presenta grandes flores de color magenta durante el verano, y su arquitectónico y espinoso follaje gris combina muy bien con los metales plateados.

escultura y recipientes

derecha *Con una invitación a la incredulidad, esta «cápsula» de arcilla suspendida parece haber producido un árbol (de hecho un pequeño* Citrus*) que fuerza su camino a través de una hendidura.*

extremo derecha *La repetición se adapta bien al moderno jardín de estilo formal. En este diseño de Topher Delaney, focos aplanados, colocados en la repisa de hormigón, alternan con un boj recortado en macetas de hormigón y crean sutiles sombras en el muro desnudo.*

Cuando se utiliza como el centro de atención del jardín contemporáneo, la escultura se adapta bien al conjunto, combina con el material o produce un atractivo contraste. La escultura moderna puede ser figurativa o abstracta pero, en el jardín actual de estilo formal, lo importante es evitar la reproducción de piezas antiguas, a menos que se trate de un propósito ingenioso. Lo mismo se aplica a los recipientes: aunque un grupo de macetas con una plantación exuberante puede resultar atractivo, el resultado informal no se adaptará bien al jardín contemporáneo de estilo frágil. Es preferible colocar macetas idénticas en pares, en línea o en un grupo formal equilibrado por la armonía de un espacio abierto.

recipientes

Dependiendo del papel que quiera dar al jardín, elegirá los recipientes para colocarlos juntos, adornar un poco el lugar o conseguir un fuerte impacto como elemento escultural. Los tiestos de piedra u hormigón rectangulares pueden formar parte del diseño tridimensional. Otra opción es intentar duplicar recipientes mucho más pequeños e idénticos —por ejemplo, cubos de madera, macetas de cerámica o de metal galvanizados bien definidos— en hileras que siguen la geometría del diseño. En los recipientes pueden plantarse un tejo recortado, un mirto o una lavanda, o una agrupación de la vertical y esbelta gramínea *Calamagrostis* x *acutiflora* «Stricta» o *Deschampsia caespitosa* «Goldtau». Como un eco de las ideas clásicas, otra forma

efectiva de presentar los recipientes es colocarlos en la intersección de tramas, para sostener plantas iguales, como las margaritas (*Argyranthemum frutescens*).

Cuando plante los recipientes en un jardín de estilo formal, use uno «consistente» para sostener un estupendo espécimen como *Pinus mugo* o *Prunus glandulosa* «Rosea Plena», ambos con un magnífico porte durante todo el año. Como alternativa, opte por plantas exóticas, como el palmito (*Chamaerops humilis*), una floreciente adelfa (*Nerium*) o un cítrico ornamental. La utilización de un compost ácido amplía las posibilidades de las pequeñas azaleas, que pueden podarse con el fin de obtener estupendas formas, como las que hallamos en Japón. Aunque florezcan sólo una vez, estas pequeñas plantas perennes poseen una cálida apariencia. Colocado como un centro de atención referencial, un sencillo recipiente que sobresalga, hecho de terracota o «plomo» fundido en frío (fibra de vidrio), enfatizará la escala y producirá suficiente impacto sin ninguna planta. Rechace las plantas que no presenten una forma definida: el color y la belleza no son importantes. Pero el follaje plateado, como el de la santolina y la artemisa, así como el de los lirios variegados y el *Sisyrinchium striatum*, realzarán un sencillo y frugal esquema al sol.

Todos los recipientes necesitan de un riego, bien sea manualmente o como parte de un sistema integrado de irrigación. Un buen drenaje también es importante, y lo mejor para ello es colocar una capa de fragmentos de roca en la base de la maceta. Elija siempre un compost específico para plantas de maceta; un compost granuloso asegurará una adecuada aireación. Existen geles de polímeros que retienen agua, se venden en forma de cristal, y se mezclan con el compost para ayudar a mantener el agua en el recipiente. Según la colocación en el jardín, éste puede estar expuesto totalmente al sol o bajo una sombra parcial —deberá elegir sus plantas de acuerdo con ello.

esculturas

Los materiales empleados en la escultura moderna varían ampliamente: desde metales fundidos y fibra de vidrio hasta piezas de cerámica resistentes a heladas, piedras esculpidas y piedras desnudas. Podrá encargar las construcciones de hormigón y de fundición para un lugar en especial. Los metales pueden estar pulidos de forma inmaculada, o parecer enmohecidos con el tiempo; también se puede dar una nota de color en forma de materiales pintados, unidos con resinas o construcciones de madera.

La colocación de esculturas requiere de una buena planificación. Quizá se trate del único elemento destacable en el jardín. Piense si se verá desde dentro o sólo desde fuera. ¿Es una estructura aislada o está incorporada a una pared? Una escultura bien formada es posible que necesite de una fuerte luz solar, o, tal vez, su carácter nos sugiera una luz ligera, moteada, que nos invite a una mayor reclusión. ¿Es importante la iluminación nocturna? Si la figura se ve desde la casa, tenga en cuenta que la claridad lo es todo. Si en cambio no tiene un aspecto monumental importante, varias piezas situadas discretamente y en un ambiente más espiritual proporcionarán un gran placer en un jardín grande, ocultas en un primer plano para aparecer «de repente» en una zona tranquila y meditativa. Algunas plantas poseen por sí mismas una forma escultural (*véase* página 70) y no deberían estar escondidas si se piensa en un punto de enfoque. Los árboles son candidatos obvios: un simple franchipán (*Plumeria*) lucirá maravilloso en un clima cálido. Los árboles más pequeños, como los arces japoneses, resultan elegantes incluso en invierno; mientras que las mahonias de floración invernal, como la erguida *M. lomariifolia* que puede desarrollarse hasta los 3 m, presentan espinosas hojas largas, fuertemente esculpidas, así como erectos racimos de aromáticas flores amarillas.

objetos

Cuando la economía es relevante, los *objets trouvés* de naturaleza orgánica, como las contorneadas raíces de curtidos árboles, maderos blanqueados por el mar, marcadas estacas, una simple roca o canto o un grupo de tres piedras, al estilo japonés, conformarán una escultural presencia. En el jardín oriental, los objetos parecen poseer el poder espiritual que emana de la naturaleza, simbolizado en este caso por la elección del objeto natural. Un efectivo grupo asimétrico incluiría: una erguida roca, una roca aplanada y una raíz de árbol muerto, girada hacia el cielo. Incluso los objetos fabricados por el hombre, como las boyas y flotadores, o una pieza de maquinaria industrial antigua, pueden resultar atractivos, pero evite colocarlos desordenadamente o en gran número: de uno a tres serán suficientes. Coloque la pieza en una plataforma o en un espacio despejado y vacío —entonces adquirirá el estatus de arte. La idea del jardín moderno es sencillamente la formalidad, no una masa que distraiga la atención de los recuerdos, aunque resulte cálida.

página anterior, extremo izquierda *Con una base claramente escultural, este sobresaliente arco de ladrillos delimita la transición del jardín de estilo formal al huerto.*

página anterior, centro *La expansiva y espinosa* Euphorbia milii var. splendens *crece en el interior de un recipiente cóncavo de arcilla, cuya escultural forma queda enmarcada contra un muro lavado de terracota.*

página anterior, derecha *Un monumento de hormigón, diseñado por Topher Delaney, se sostiene a modo de centinela en un entorno rural; una hendidura central encuadra el paisaje.*

Las paredes de la casa construidas con deslizantes paneles de cristal rodean tres de los lados de este sencillo patio, diseñado por el autor, mientras que la cuarta es una sólida pared de ladrillos. La única luz proviene de arriba, lo que limita la plantación a helechos, bambú y hiedra. La escultura pintada de madera da vida a estas últimas al cambiar con la luz, y sugiere un continuo movimiento.

Esta soberbia terraza de azotea con el suelo de madera, rodeada de blancas paredes revocadas y de una espaldera alta con listones de madera, se ilumina suavemente por la noche. Las luces ocultas crean un suave ambiente, y la luz se refleja bajo el toldo de tela.

iluminación

Por la noche, los jardines se transforman debido a una sutil iluminación y su apariencia suele cambiar. Las fragancias de la noche nos invitan a salir, y el aromático jardín nocturno, como elemento embriagador, pasa a formar una parte esencial del mundo exterior. La tecnología ha avanzado tanto que, ahora, las luces son seguras, controlables y pueden crear un ambiente nocturno tan teatral como se desee.

Los efectos creados por la iluminación son intercambiables y variables. Ilumine los árboles altos mediante un foco oculto, colocado a ras de suelo: no existe nada tan magnífico como la estructura de un cedro del Atlántico resaltada contra la negra noche aterciopelada. Otra opción consiste en que los árboles tengan suaves luces, escondidas entre sus ramas y dirigidas hacia abajo, que proporcionen la suficiente luz como para poder cenar allí mismo. Un pequeño foco de luz podría iluminar una estructura con agua, una escultura, una maceta o una determinada planta y dibujar la silueta de las plantas sobre las paredes desnudas. Es posible conseguir otro efecto cuando un suave haz de luz se extiende frente al follaje; entonces se crean sombras con un movimiento ondulante. Si busca un fascinante efecto de espejo, coloque una luz escondida en el extremo alejado de un estanque de aguas quietas para iluminar los árboles que se encuentran alrededor, cuya belleza se verá reflejada en el oscuro estanque.

En el jardín nocturno, la seguridad resulta tan importante como la función, pero siempre que la primera esté garantizada, no es necesario que la fuente de luz esté a la vista. Las escaleras, senderos, agua, setos bajos y otros elementos pueden iluminarse de forma satisfactoria mediante luces ocultas. En cambio, algunas lámparas modernas de magnífico diseño merecen que se las admire. Coloque resplandecientes varas opacas de pequeño diámetro si busca una elegante sencillez, agrupadas de forma erguida entre plantas herbáceas. Ciertas luces «de hongo» dibujan un círculo de luz bajo ellas y revelan un hermoso pavimento artesanal sin que brille, y algunas instalaciones de pared crean asimismo modelos rítmicos de iluminación.

artesas con fuentes iluminadas

Este magnífico jardín de estilo moderno «paradisíaco», diseñado por Martha Schwartz, tiene como base un modelo de trama formal, con delgados canales de agua que se conectan entre sí varias plataformas cuadradas construidas con ladrillos. Los canales están delimitados por losetas marcadamente coloreadas, y en el interior de cada plataforma de ladrillos hallamos un cubo sumergido que oculta una delgada fuente. Estos pozos huecos se encuentran iluminados por una luz oculta que también enfatiza la fuente. Las gruesas rocas de color blanco completan las zonas cuadradas alrededor del ornamental *Malus*.

instalación de las luces

Las nuevas técnicas de iluminación se basan en la utilización de transformadores que convierten la potencia doméstica en una de bajo voltaje. Al reducir la potencia se dispone de mayor seguridad. Desde el conducto principal que rodea al jardín, otro cable de bajo voltaje va a parar a varias luces. Cuando se emplean demasiadas luces, o el cable secundario es muy largo, disminuye la iluminación. La ventaja de este sistema es que las luces pueden ser más pequeñas y, por tanto, menos visibles durante el día, y además las bombillas duran más tiempo. Algunas luces modernas poseen su propio transformador incorporado; son más potentes y resultan ideales para iluminar árboles altos.

Es posible optar por sistemas más económicos en los que las lámparas puedan trasladarse por el jardín, aunque la intervención de un profesional es esencial a la hora de su instalación. Un electricista cualificado le asesorará sobre el sistema adecuado para su caso particular, ya que conoce la potencia y calidad de las luces disponibles, así como sobre la colocación de las luces bajo agua, en una piscina o en una fuente. Colocará un circuito residual y planificará la instalación de modo que pueda conectarse desde el interior de la casa —además, se ocupará del seguro de accidentes, un tema en el cual usted quizá no haya pensado.

faroles

No es necesario que toda la iluminación nocturna proceda de un sistema eléctrico. La sencillez que supone la luz ondulante de una vela dará una apariencia magnífica al jardín nocturno, aunque la más ligera brisa le devolverá a la oscuridad de nuevo. Actualmente, sin embargo, existen soportes para velas muy económicos y bonitos que protegen la llama con un sencillo tubo de cristal o una cubierta del mismo material que se desliza cuando es necesario. Algunos de estos fanales se pueden colgar de delgadas estacas de aluminio ligero con un extremo en forma de anzuelo grande. Puede optar por diferentes tipos y suspenderlos a una altura elegida, solos,

página siguiente Una línea de estilizadas luces colocadas en un muro ilumina las escaleras de noche y resalta el pasamanos en forma de espiral en este jardín diseñado por Martha Schwartz.

extremo izquierda Con frecuencia, la iluminación más sencilla es la más eficaz. En este caso, el pequeño monolito de granito proporciona una repisa elemental donde colocar una vela.

izquierda La iluminación hacia arriba fija la atención en el elegante aspecto de las plantas de destacada forma, como ficus (Ficus elastica) y Ravenala madagascariensis, plantadas en los extremos de una piscina.

de dos en dos o en grupos para realzar el efecto. Las mismas luces pueden estar suspendidas de los árboles para iluminar durante varias horas. Es posible colorear los protectores de cristal, pero en el jardín de estilo formal deberá evitar un efecto tecnicolor. Un grupo de pequeños recipientes de cristal de color azul llenos con pequeñas luces iluminarán por la noche el oscuro jardín con un gran encanto, pero las cálidas llamas naturales provocan un cierto impacto en un cristal desnudo. En un esquema de tipo formal, la sencillez es siempre la clave.

Las antiguas lámparas de aceite suponen una encantadora vuelta al pasado, al igual que las antorchas de llama natural, pero ambas deben tratarse con respeto ya que son potencialmente peligrosas. La fuente de luz se puede ocultar por seguridad o colocar tras una pantalla donde no se pueda alcanzar. Por encima de todo, no debe invadir el jardín con el sistema de iluminación. La regla a seguir es sencilla: demasiadas joyas estropean el vestido, y lo mismo se puede aplicar a la iluminación nocturna del jardín.

La formalidad ofrece al jardinero actual un buen punto de partida, una manera de obtener cierto orden en la exuberancia natural del follaje y de las flores. Tradicionalmente, al hacer el diseño formal de los jardines, las plantas elegidas eran las que mejor se adecuaban al diseño geométrico, bien por su forma natural o por constituir un elemento distintivo en el conjunto. Los alargados cipreses italianos y los populares setos bajos de boj recortado son opciones excelentes.

Este material vegetal aún es adecuado, aunque la actual gama de especies vegetales, menos restringida, incluye otras igualmente aptas para el sentido contemporáneo de formalidad. Entre ellas se incluyen diversos arbustos de follaje pequeño que, como el boj, pueden recortarse para moldear una forma. Pero las modernas ideas sobre formalidad incluyen plantas con una marcada forma arquitectónica, con grandes hojas, y especies de apariencia exótica que añaden una visión nueva al diseño. Los árboles desempeñan asimismo un papel importante en el actual jardín de estilo clásico. Podemos encontrarnos con una secuencia de árboles alineados a lo largo de un sendero, o con un par que flanqueen la entrada; un ejemplar aislado desempeñará un papel de solista.

plantas

Ningún árbol resulta más elegante que el arce japonés; en este caso doblemente logrado por su sombría forma contra un muro desnudo.

inferior ***Estos setos de boj impecablemente recortados presentan una forma
redondeada, distinta de la usual forma rectangular. Los sinuosos cerramientos
de color verde se han llenado de manera alternativa con hierba aterciopelada,
pequeños grupos recortados y árboles aislados.***

poda ornamental

Es posible conseguir formas y líneas definidas si se ajusta el porte de desarrollo
natural de una planta, y los jardines de estilo formal siempre han confiado mucho en
las formas recortadas de plantas perennes como el boj (*Buxus sempervirens*) y el tejo
(*Taxus baccata*). Otros arbustos perennes igualmente adecuados, como el mirto
(*Myrtus communis*) y la santolina (*Santolina chamaecyparissus*), son ideales si se
quiere disponer de una forma precisa, porque presentan un pequeño follaje de
crecimiento denso que se regenera a partir de tallos o ramas. Cuando se poda,
la masa de diminutas hojas facilita la obtención de afilados márgenes. Incluso con la
aparición de brotes nuevos, la densidad de estos arbustos asegura el mantenimiento
de la forma.

64

setos y parterres

Los setos suelen ser el elemento más influyente en un jardín de estilo formal.
Es posible emplear la arquitectónica naturaleza de un seto continuo para enfatizar
el diseño geométrico, definir panorámicas y rutas, añadir un límite al jardín o cerrar
espacios. Tanto si la altura equivale al doble de la de una caseta para herramientas,
como si es de tan sólo 15 cm, un seto de perennes será un elemento permanente
para el invierno y un buen fondo para el verano. Tradicionalmente, los parterres
presentan diversos dibujos. Se parte de la idea de utilizar setos bajos para definir y
rodear macizos pequeños, en general con un diseño geométrico, llenos de hierbas
de desarrollo bajo, como el tomillo. Poco a poco, los parterres se han vuelto más
elaborados, en ocasiones bajo la forma de una flor de lis o un remolino, y los
espacios se han llenado con flores estacionales o sencillamente con grava de colores.

setos

El tejo constituye el esqueleto perfecto para cualquier jardín. Es oscuro y con clase
y resulta adecuado tanto a la sombra como a pleno sol. Destaca por su longevidad y
porque las hojas nuevas crecen incluso en los troncos muy viejos, por lo que siempre

Un jardín se puebla caprichosamente con la ayuda de una poda ornamental abstracta, controlada, pero de disposición asimétrica. El conjunto se ha dividido, y se ha dejado un sendero verde circular que conduce directamente a otro situado detrás.

página anterior, inferior *El seto de haya entretejida define y encierra de manera formal parte del jardín, diseñado por David Hicks. En lugar de un panorama a través, el tronco del árbol conforma un repetido modelo vertical contra un fondo de haya más recortada.*

es un elemento fiable. Cuando las temperaturas invernales desciendan por debajo de 0 °C, el tejo (*Taxus baccata*) no lo resistirá y deberá ser sustituido por *Taxus x media* «Brownii». Éste posee una apariencia un poco más suave, incluso cuando se recorta ornamentalmente. El drenaje pobre afecta a los tejos: necesitan humedad sin llegar a la saturación y condiciones que varíen de ácidas a neutras. Si se plantan en el lugar adecuado, los tejos crecerán hasta 30 cm en un año; debe recortarlos sólo una vez, entre mediados y finales del verano. Los tejos son tóxicos, de modo que no deben plantarse junto a un prado por el riesgo que comporta para los animales domésticos.

Otras coníferas, como *Thuja plicata* «Atrovirens», forman setos densos, de un verde más claro, con una apariencia más suave. Y el ciprés de Lawson (*Chamaecyparis lawsoniana*) crece a un promedio de 1 m al año. Al igual que los demás árboles típicos de bosque, deberá recortar estas coníferas al principio de su vida hasta casi 30 cm por debajo de la altura elegida, de modo que los brotes más tiernos se vean fortalecidos antes de llegar a la altura definitiva durante el siguiente año. Después de

esto, resulta esencial un recorte anual para mantener la densidad del seto; evite, sin embargo, cortar la madera vieja.

Los setos de hojas grandes, como el carpe (*Carpinus betulus*), *Elaeagnus*, el laurel cerezo (*Prunus laurocerasus*) y el haya (*Fagus sylvatica*), pueden utilizarse en el jardín formal, donde su contorno será más suave que el de las plantas que presentan una marcada forma. Puede recortarlos, pero ofrecen mejor apariencia cuando se podan a mano con la ayuda de unas podaderas. En el caso del caduco carpe y del tilo (*Tilia*), las ramas laterales pueden guiarse horizontalmente para crear líneas paralelas y formar un seto. En este sistema, se eliminan o entrecruzan las demás ramas y se crea una densa pantalla foliar de entre 1,5-2 m por encima de la columna del tronco del árbol, de 1,5 m de altura, lo cual permite disponer de panorámicas bajas. Es mejor disponer de setos «prefabricados», con las ramas laterales paralelas ya guiadas en un marco de madera. La renovación de las viejas técnicas incluye la utilización de avellano entrelazado y recortado y setos de sauce en jardines contemporáneos.

66   s e t o s   e n a n o s   y   p a r t e r r e s

Existen diferentes variedades del boj (*Buxus sempervirens*) que pueden alcanzar hasta 6 m de altura y la amplitud deseada. Pero la versión enana de desarrollo más lento, *B. sempervirens* «Suffruticosa», que puede crecer hasta 1,2 m, puede sufrir un recorte meticuloso para mantener un seto medio o bajo con una altura desde 75 cm a 30 cm. Resulta perfecto para mantener los detalles de un parterre. Hay una forma variegada, *B. sempervirens* «Elegantissima», con un acabado de color crema.

Entre otras plantas resistentes, adecuadas para un seto bajo recortado y utilizadas a menudo para parterres, se incluyen algunas de follaje gris plateado. La santolina (*Santolina*), los cultivos de aromática lavanda, como *Lavandula angustifolia* «Hidcote» y la delicada lavanda francesa (*L. stoechas*), proporcionan un delicado color gris en setos enanos. En un clima caluroso y soleado, el aromático mirto, ligeramente delicado, se convierte en un buen sustituto del boj. Puede crecer con rapidez y recortarse a una altura baja o a 2,5 m si se desea. Busque subespecies *tarentina*, las más compactas y resistentes al viento, que eran una de las favoritas en los jardines romanos y que todavía gozan de popularidad en las zonas mediterráneas.

p o d a   o r n a m e n t a l

Se trata de un arte antiguo en el cual las especies perennes más adecuadas se recortan ligeramente para crear formas esculturales. Todas las plantas perennes de hojas pequeñas mencionadas anteriormente, sobre todo el boj y el tejo, así como los acebos y el fiable aligustre (*Ligustrum*), pueden recortarse con la forma deseada. Aunque en el caso de los acebos se pierde su cosecha de bayas si se recortan de manera ornamental, el follaje posee una textura destacada, enfatizada en las formas variegadas, y esto puede animar un jardín ornamental de tejo y boj. Las posibilidades esculturales de estas plantas han sido exploradas a lo largo de la historia en forma de espirales, conos, pirámides y acodados «pedestales», así como en forma de animales y elementos grotescos. Actualmente, se adaptan bien a la geometría más minimalista de cubos, cilindros, rectángulos o formas Art Déco.

El trabajo del recorte ornamental proporciona una silenciosa presencia al jardín: introduce respeto por el espacio y lleva al visitante a hacer una parada. En el pasado, se utilizaba formalmente para marcar entradas, flanquear senderos y añadir una estructura ornamental durante todo el año, ya que, con su presencia estática, enfatizaba el diseño tridimensional del jardín. En la actualidad, el recorte ornamental todavía se emplea para los mismos propósitos, aunque con un uso menos decorativo, mientras que su creativo y abstracto impacto ha empezado a destacar. Con cierta frecuencia, estas estáticas esculturas se colocan de modo que produzcan una tensión asimétrica y resalten el espacio situado a su alrededor. Y mientras las formas geométricas, como pirámides, conos y espirales, conducen la vista hacia arriba, los contornos redondeados parecen juntarse y formar pequeñas colinas montañosas.

setos de estilo cubista

El efecto de este gran terreno de estilo contemporáneo, situado frente un luminoso bosque, resulta tranquilo, formal y agradable.

Piet Blanckaert, el diseñador, ha usado marcadas formas geométricas de cubos, pilares y amplios rectángulos para dibujar

un interesante, aunque asimétrico, diseño que invita a su inspección desde un puente de madera sobre el «canal».

En línea recta, hallamos un elaborado parterre de estilo moderno, con sus remolinos limitados por boj huecos y rodeados

de un seto bajo. Los grupos de rododendros suponen una transición entre las dos zonas.

extremo superior *Este sendero está flanqueado por arbolitos de boj recortado, que crecen entre la masificada* Lavandula angustifolia *«Twickel Purple».*

superior *El centro de atención de este patio de estilo japonés, de Luciano Giubbilei, es una escultura de boj recortado en forma de «nube». El estanque es de ladrillos de cristal.*

Con frecuencia, la poda ornamental clásica ha perdido la precisión original; durante siglos se han desarrollado nuevas formas, con el resultado de un feliz compromiso entre el hombre y la naturaleza. Estas formas abstractas no son ni simétricas ni geométricas ni figurativas, y en su lugar han aparecido «montículos» extrañamente deformados con una presencia escénica. La formalidad del recorte oriental se parece un poco a esto; no es tan matemática y resulta más orgánica si tenemos en cuenta el porte de crecimiento de las plantas. En los jardines de Japón es frecuente recortar las azaleas para configurar montículos compactos. Sus pequeñas y densamente empaquetadas hojas soportan bien una poda severa, de modo que es posible darles casi cualquier forma, aunque suele ser redondeada, y se plantan juntas como linderos o en forma de nubes. Las azaleas toleran bien un recorte anual para mantener el mismo tamaño, y ello forma parte del tranquilo ambiente del jardín. Sin embargo, las estaciones cambian su apariencia, y cuando aparecen las flores, es preferible que sean de un solo color: una mezcla de varios colores interrumpiría la calma.

El moderno jardín de estilo clásico podría, asimismo, reflejar una influencia oriental. Los recortes «en nube» se basan en el porte natural de un arbusto: se recorta el follaje de las ramas expansivas en forma de pequeñas nubes de tipo cúmulo; se eliminan todas las ramas no esenciales. El boj, el acebo (*Ilex crenata*), *Juniperus chinensis* y los pinos, como el pino japonés blanco (*Pinus parviflora*), son buenas opciones; un precioso aligustre (*Ligustrum lucidum*), con frecuencia disponible como un árbol pequeño de forma ornamental, también puede recortarse en forma de nube.

sentido práctico Cuando realice un recorte decorativo, asegúrese de tener ángulos rectos con la ayuda de una plomada o un marco de madera, o una plantilla con la que realizar la comprobación anualmente. Los «esqueletos» pueden ser de madera o de metal y se conservan una vez finalizado el trabajo, a semejanza de armaduras. Recorte el tejo una vez al año, y el boj y *Lonicera* dos. Los arbustos como el aligustre, de crecimiento rápido, necesitan una atención regular: cada dos o tres semanas. Las cizallas manuales le permiten mantener el control de cualquier forma libre, mientras que los modelos eléctricos son ideales para setos largos y para mantener la precisión en una forma recortada de mayor tamaño. Recorte la parte superior lateral de los setos altos, para permitir que la luz alcance las zonas más bajas y que la nieve resbale hacia afuera. Algunos especialistas realizan el trabajo si usted no se ve con ánimos; sin embargo, una vez conseguida la forma adecuada, tanto el mantenimiento de los setos como su recorte resultan sencillos.

George Carter diseñó este soberbio y elegante jardín de estilo formal
utilizando bandas paralelas de aguas estancadas y grava suelta de
color pálido. Entre las formales «plataformas» de boj recortado aparecen
plátanos. El lindero situado detrás está formado por una espaldera delgada
de madera, pintada de gris y respaldada por una hoja galvanizada de metal
que aporta una nota de luminosidad al jardín.

arquitectónicas y exóticas

La moderna formalidad puede ser ordenada, aunque ciertamente no es predecible. Una de las ventajas de los diseños actuales reside en los escasos prejuicios sobre la apariencia que debe tener un jardín, de modo que a menudo se incluyen en el diseño tanto plantas nativas, con una forma marcada, como aquellas de apariencia exótica procedentes de climas subtropicales que añaden, así, un elemento de sorpresa y de cambio. En un ambiente protegido, quizá deba optar por una fiable especie resistente, o utilizar plantas más sensibles en macetas que sólo se trasladan al exterior durante el verano. Consulte a su proveedor local si tiene alguna duda sobre la adecuación de las plantas al lugar.

70

Las plantas arquitectónicas y exóticas pueden, en un ordenamiento lineal, colocarse solas o formar parte de un grupo. Utilizadas en solitario, llaman la atención y pueden constituir el centro de atención de un jardín minimalista. Plantadas en línea, enfatizan el diseño, mientras que si están agrupadas, pueden añadir una nota espectacular en un esquema geométrico de fácil mantenimiento, pero que de otro modo resultaría uniforme.

plantas arquitectónicas

El tipo de planta seleccionada afecta seriamente al ambiente de un jardín en el que todo es importante, y la forma de la planta delimita determinados volúmenes en un diseño formal. Aquellas plantas poseedoras de una forma natural bien definida crean estructuras y siluetas de gran carácter; entre los ejemplos de especies con hojas grandes encontramos la delicada y plateada *Melianthus major* para zonas con sol y *Rodgersia* para la sombra. Cuando en el jardín abundan los detalles, estas formas ayudan a establecer un punto focal que guía la vista.

La forma de una planta con frecuencia condiciona su utilización; su inherente formalidad puede resultar precisa y geométrica, como en el caso del enebro (*Juniperus communis* «Hibernica»), o estudiadamente asimétrica, como en las mejores formas de arce japonés (*Acer*). Las líneas verticales atraen la vista, con

independencia de su función, y el follaje en forma de espada también contribuye a ello. Estas formas erguidas, como la del lino de Nueva Zelanda (*Phormium tenax*), siempre son adecuadas. Las hojas ensiformes crecen desde la base de la planta y se abren en abanico, por lo que necesitan espacio. En su país de origen, las lisas hojas de color gris con altos panículos de flores de color rojo intenso alcanzan los 3 m. Se benefician de un clima suave, donde pueden alcanzar su altura natural, pero si las coloca en un lugar menos adecuado, ésta puede verse reducida hasta alrededor de 1,8 m. Existen también formas variegadas y rojizas, así como algunos cultivares más pequeños, por ejemplo *P.* «Bronze Baby», de tan sólo 45-60 cm, con un color rojo amarronado. Gracias a su firme estructura, los linos se adaptan bien a los jardines formales. Entre los cultivares más pequeños de *P. cookianum* existen algunos, como *P. cookianum* subsp. *hookeri* «Cream Delight», de 1,5 m de altura, cuyas hojas externas brillan con la luz y proporcionan una apariencia más suave.

Algunas crocosmias y lirios poseen un follaje de altura similar, elegante, lanceolado y de extremos puntiagudos, pero son caducos, y su brillante coloración verde presenta un efecto menos espectacular que el verde gris y púrpura de los linos, de modo que pueden mezclarse fácilmente con otras plantas.

plantas de follaje para sombra

En un jardín sombrío, la formalidad se puede lograr utilizando como fondo plantas con hojas grandes recortadas como un arbusto. El follaje recortado es un acierto, sobre todo si es perenne. Los arquitectos, que con frecuencia eligen diseñar sus propias casas, utilizan el arbusto perenne *Fatsia japonica*, de crecimiento fácil, y su forma variegada *F. japonica* «Variegata» (ambas de 1,5-4 m), porque tienen grandes y gloriosas hojas palmadas que contrastan bien contra un muro, incluso en sombra densa. Hace mucho tiempo, el admirable acanto también ganó adeptos entre los arquitectos de la antigua Grecia, como puede observarse en los capiteles corintios.

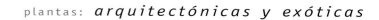

plantas: *arquitectónicas y exóticas*

izquierda **Con su erizada silueta dibujada contra el cielo, la palmera
de la suerte** (Trachycarpus fortunei), **de tronco hirsuto, resalta
majestuosamente por encima de una pared curvada de color crema.**

izquierda inferior **Los conos de vidrio triturado, que semejan arroz,
surgen en medio de un estanque, mientras que un acolchado de azules
vidrios molidos cubre los arriates en este extraordinario jardín
plantado con especies «exóticas», como plataneros, agaves y aloes.**

La escultural *Acanthus spinosus,* de casi 1,5 m cuando sus espigas de flores están
totalmente desarrolladas, se mantiene bien a pleno sol o bajo una sombra ligera.
Su afilado y muy dividido follaje resulta magnífico, pero necesita espacio. Estas
plantas de hojas grandes forman una poderosa base dondequiera que se encuentren.

La mayoría de estas plantas de grandes hojas crecen con preferencia en zonas
húmedas y sombrías donde el porcentaje de evaporación de las hojas es más bajo.
En los jardines de climas templados, *Rodgersia*, *Rheum*, *Cimicifuga* y *Ligularia*
presentan un follaje de aspecto estupendo; sus grandes hojas son redondeadas
o dentadas y ofrecen espigas altas de flores durante el verano. En el jardín campestre
formal, *Digitalis* tiene una bella apariencia cultivada junto *Hosta* (como *H.* «Big
Daddy»), *Bergenia* (como *B.* «Ballawley») y la invasiva *Trachystemon orientalis*,
de follaje compacto; todas ellas, con sus hojas solapadas, crean un efecto formal
y no necesitan un gran mantenimiento.

plantas adecuadas para el sol

Para terrenos calurosos, si busca una floración y follaje interesantes, elija entre
algunas plantas herbáceas de aspecto rígidamente erguido, como las brillantes
columnas de *Kniphofia*, con sus afiladas hojas, o también *Eremurus robustus*, que
crecen en vertical hasta una altura de 2,5 m o más. Las plantas como ésta pueden
utilizarse en verano a modo de centinelas, bien sea a cada lado de la entrada, o
también como un perfil tipo Manhattan de color blanco, rosa, crema o amarillo.
Otras plantas de clima templado son los compactos *Delphinium* híbridos, que no
necesitarán estacado; algunos llegan a los 2,5 m y forman una silueta espectacular
al moverse por efecto del viento. Los tradicionales híbridos Belladonna son más bajos,
hasta 1,5 m, pero son una buena opción y producen espigas hasta finales de otoño.
Todos prefieren buen drenaje y un suelo neutro.

La afilada y plateada magnificencia del cardo (*Cynara cardunculus*) requiere
luz solar y espacio suficiente para ocupar una circunferencia de 1,8 m. *Macleaya*

71

microcarpa «Kelway's Coral Plume» necesita menos espacio al crecer de manera más vertical: llega a los 2,1 m. Las grandes hojas lobuladas tienen un color gris tórtola con el envés blanco, y las finas flores en penacho, en contraste con las lisas y aplanadas hojas, se parecen a las de las amapolas. Es una de las pocas plantas de hojas grandes que crecen sobre todo a pleno sol, aparte de las subtropicales que viven en condiciones de humedad elevada; un buen drenaje del suelo es importante.

Deberíamos mencionar aquí dos bienales apropiadas: una es la alcachofa borriquera (*Onopordum acanthium*), con un follaje gris plateado, letalmente espinoso, que crece hasta una altura de 1,8 m en el segundo verano; otra, con un follaje lanoso de color gris luminoso, es el gordolobo gigante (*Verbascum olympicum*), que alcanza los 2 m.

plantas exóticas

Los diseñadores contemporáneos de jardines formales con frecuencia se fijan en lo «foráneo», y así disponen de un esquema veraniego claramente distinto; experimentan, asimismo, con aquellas especies exóticas sensibles con el objetivo de crear un jardín magnífico en un entorno ajeno. Por «exóticas» se entienden plantas con un destacado follaje y una forma extravagante. Normalmente proceden de zonas subtropicales del planeta, aunque a menudo se adaptan bien a climas más frescos si se colocan en una zona protegida y cálida, con un suelo rico y sin problemas de agua y un buen drenaje. Suelen presentar una fase de desarrollo más rápido que el de las plantas de hojas más pequeñas nativas de climas templados y, en una situación competitiva, sobrevivirían.

El estilo de este jardín no es modesto o sentimental, sino más bien intrépido y emocionante. En el jardín moderno, estas plantas exóticas pueden ser rabiosamente diferentes, brillantemente coloreadas y con un potente follaje. Las más resistentes, como la palmera de abanico y el palmito (*véase* página siguiente), formarán la estructura del diseño, utilizadas bien como un centro individual o en líneas ordenadas, como los naranjos de Versalles. Los especímenes más frágiles, como las daturas, pueden guardarse para la estación veraniega; se pueden plantar en recipientes y colocarlos en el interior durante el invierno.

Algunas yucas de hojas espigadas son resistentes, como *Yucca filamentosa*, sin tronco, que soporta temperaturas de -10 °C, pero otras no lo son tanto, como la claramente compacta y acaule *Y. whipplei*, que debe plantarse sólo en las zonas más cálidas y bien protegida, si es necesario, de la fría lluvia invernal. Los largos panículos florales de la enorme *Y. gloriosa,* de 60 cm, portan colgantes campanas de color blanco crema sobre un tronco con hojas en forma de daga. El magnífico follaje

página anterior *Contra un fondo de clara modernidad, Isabelle Greene ha diseñado este jardín tolerante a las condiciones secas de California: mezcla agaves con Aeonium, yucas con Sedum, Festuca con Pennisetum, todo ello junto al suave follaje de color gris y verde.*

derecha *No es usual encontrar en un terreno urbano una débil palmera de abanico de color azul (Brahea armata). Este jardín, diseñado por Stephen Woodhams, está lo suficientemente protegido como para que se desarrollen en recipientes de metal galvanizado; si las heladas lo permiten, pueden sacarse al exterior durante el invierno.*

extremo derecha *Mientras crecen en delimitadas líneas, los ejemplares de Canna poseen una gran formalidad al tiempo que proporcionan altura y riqueza de color a un arriate.*

lanceolado de color gris de las yucas no es un mero adorno, de modo que no son plantas adecuadas para el jardín familiar. *Beschorneria yuccoides*, una planta parecida a una yuca, debe plantarse en un terreno soleado donde poder tostarse en verano, pero necesita cierta protección contra el viento, como una pared orientada al sur (en el hemisferio norte), y un suelo bien drenado. Sus rojos panículos de flores constituyen una recompensa para la vista. El espigado follaje de *Cordyline* es menos impactante, pero presenta el mismo estilo. *Cordyline australis*, la especie más resistente, sobrevive a -5 °C, y alcanza gradualmente los 15 m; puede optar por *C. indivisa*, cuya gran corona crece poco a poco hasta los 3 m en climas templados.

En las zonas del mundo realmente áridas nos encontramos con las extraordinarias formas de las cactáceas. Estas especies desarrollan formas fuertes y sobre todo gruesas. La mayoría no toleran el trasplante, pero algunas de las especies de higos chumbos (*Opuntia*) de América del Norte se adaptan a zonas donde está garantizada la ausencia de nevadas. Pero a menos de que se disponga de condiciones muy calurosas y secas, las opciones son limitadas. En el calor del desierto hallaremos maravillosas formas y colores, como las de las pequeñas y redondeadas especies de *Cereus* y *Echinocactus*, en contraste con el higo chumbo. Éstas se encuentran en la coloreada compañía de *Aloe*, como la floreciente *Aloe arborescens*, de 2 m de altura; los agaves, como *Agave americana* «Variegata», muy afilada y con una altura y envergadura de 2 m; *Aeonium arboreum* «Magnificum», con sus 60 cm

de altura y 1 m de amplitud; *Zauschneria californica* «Glasnevin», una vivaz formadora de matas resistente a las heladas, con flores tubulares de color escarlata, y euforbias como *Euphorbia seguieriana*, una arbustiva planta, también resistente a las heladas, de 45 cm, que posee un follaje glauco y flores terminales de un color amarillo ácido.

Las palmeras se clasifican en palmeras de espada, plumosas o de abanico, para indicar sus distintivas formas, aunque la mayoría sólo resultan adecuadas en jardines donde están protegidas de las heladas mediante cristal. La palmera china de abanico *Trachycarpus fortunei* sobrevivirá en regiones benignas si la temperatura no es inferior a -5 °C; tiene un aspecto parecido a un árbol, llega hasta los 8 m, con abanicos de 1 m de amplitud en cada tallo. *Chamaerops humilis*, el palmito de 1,5 m de altura y extensión, resulta ideal para jardines más reducidos; las heladas le afectan: necesita una temperatura mínima de 7 °C. Cultive estas palmeras junto a plantas de follaje gris y a una perenne *Euphorbia characias* subsp. *wulfenii*, con ramas de estrechas hojas coronadas que forman un redondeado arbusto de 1,2 m de envergadura; logrará, así, un estilo formal mediterráneo.

Si quiere un efecto más exótico en cuanto a follaje, opte por bambúes como *Phyllostachys nigra*, con cañas de color ébano, que crece aproximadamente 3,5 m en climas más fríos, o el impresionante *P. viridiglaucescens* (7,5 m), que sobrevivirá a -20 °C. Existen otros más pequeños, como los bambúes pigmeos, que constituyen

extremo superior *Una de las vivaces herbáceas más altas y delgadas,
el columnar* Eremurus «Romance», *es insistentemente llamativo.*

superior *En los jardines botánicos de Huntington, rechonchos
círculos de cactos globosos* Echinocactus grusonii *captan
la luz; un alto* Trichocereus pasacana *parece un centinela
entre ellos, con un fondo de exóticas yucas y* Dracaena.

una buena opción para un acabado limpio, aunque si su número es elevado, pueden
resultar invasivos. Incluso en climas templados puede tener éxito con un platanero
(*Musa basjoo*), que necesita un amplio espacio para revelar sus cualidades. No
producirá frutos, pero las magníficas hojas en forma de paleta pueden alcanzar
una longitud de 1 m; si lo envuelve con un vellón de horticultura durante el invierno,
alcanzará los 3 a 5 m con un diámetro de 2-2,5 m. Y de Tasmania procede el
helecho *Dicksonia antarctica*, con su baja y amplia masa de frondas, que crece
de manera sorprendente en regiones frías, aunque es semirresistente o sensible
a las heladas y prefiere un suelo húmedo, rico en humus. Puede adquirir troncos
pequeños en los centros de jardinería, pero en ocasiones los helechos crecen hasta
los 10 m y, con su follaje de verano, llegarán a los 4 m.

Entre las especies exóticas, la brillante coloración la pueden aportar las
florecidas especies de *Canna* de Sudamérica, *Crinum* de Asia tropical, *Aloe aristata*
y *Ricinus* de África tropical, daturas (*Brugmansia*) de las Antillas occidentales, *Eucomis*
de Sudáfrica y también *Hedychium* de la India. En climas templados, pueden crecer
dentro y trasladarse al exterior en verano, donde crecerán bien entre las plantas del
norte, de colores más modestos, y añadirán una nota destacada al instante (*véase*
página 154 para más ideas sobre la utilización de magníficas plantas exóticas).

Piense cuidadosamente en la colocación de las plantas exóticas; por ejemplo,
colóquelas en una luz moteada cuando sea necesario, o contra muros situados a
pleno sol, pero evite los que se encuentren orientados al este, ya que la temprana luz
solar quemaría las yemas heladas y las flores con excesiva rapidez. Asegúrese de que
el nivel de humedad es constante; un buen drenaje también es necesario. Si las
protege durante el invierno con la ayuda de un vellón de horticultura, aumentará la
posibilidad de creimiento de las especies subtropicales que puedan permanecer en el
exterior, o si dispone de espacio suficiente, puede optar por colocarlas en el interior.
La paja, los helechos grandes o incluso papeles de periódico viejos también pueden
utilizarse para proteger a las plantas menos resistentes; los sacos o cintas de yute
las mantendrán en su sitio, pero no serán muy atractivas en invierno. Existen otros
medios para protegerlas del viento, como la colocación temporal de pantallas de red
fina de nilón o, una opción más atractiva, la instalación de vallas entretejidas
de avellano o sauce alrededor de las plantas.

Un magnífico Onopordum acanthium, *bienal de color gris plateado, de marcada silueta, se ha plantado para que crezca sobre una base de milenrama y hierbas. Mientras que las plantas tienen un aire informal, el diseño se basa en un modelo de trama, y la plantación está respaldada por un seto recortado de color verde oscuro constituido por tejo.*

árboles

En el tradicional jardín de estilo formal, los árboles forman avenidas que enfatizan las vistas y enmarcan el paisaje. En ocasiones se trata de especies de una envergadura amplia, caducos, de hojas anchas, como el haya, el olmo o el castaño. En otros tiempos, los árboles como el chopo lombardo (*Populus nigra* «Italica») o el ciprés (*Cupressus sempervirens* grupo Stricta), de tronco fino, creaban impresionantes líneas que flanqueaban amplios senderos. A escala más reducida, con frecuencia los tilos sufrían un desmoche, lo cual implicaba guiar un tallo único para cortarlo anualmente o cada dos años hasta una altura de 1,8 m o más. Los nuevos brotes presentaban hojas especialmente grandes a alturas accesibles, mientras proporcionaban sombra. Más recientemente, los árboles más anchos y arqueados, como el cerezo en flor (*Prunus serrulata* «Longipes», sin. *P.* «Shimizu-zakura») presentan una bóveda baja y plana por debajo de la cual paseará el visitante, y los árboles más pequeños, como *Laburnum* x *watereri* «Vossii», se guían sobre un marco para construir túneles.

Con la plantación de los árboles en hileras dobles se crearon diseños simétricos a modo de fuertes ejes en los jardines más grandes. Para disponer de «avenidas» uniformes, los árboles deben ser idénticos y elegirse entre el material producido vegetativamente —es decir, mediante esquejes— más que mediante plántulas, que podrían crecer a ritmos diferentes o perder la coloración y el proceso de desarrollo. Si el terreno es pequeño, quizá no pueda tener árboles. Considere la posibilidad de tener un bosque en miniatura formado por tres o cinco árboles de aspecto estrecho, como *Betula pendula* «Tristis», con una separación entre ellos de 1 m; alcanzarán una altura de 15 m. Otra opción es la de un solo árbol, que tendrá un importante papel como centro de atención. Puede estar unido al terreno mediante un arbusto bajo o mediante rocas, o permanecer como un elemento solitario. No es necesario colocarlo en medio del jardín: queda mejor lejos de éste. Como alternativa, coloque el mismo árbol en una planificación dinámica, que cruce el patio en diagonal. Entre los árboles más adecuados para espacios muy restringidos se incluyen los arces japoneses de crecimiento lento, o *Sorbus vilmorinii*, que alcanzan los 5 m de altura.

76

extremo superior **Las maderas grises forman una tarima elevada, que soporta el tronco de Malus «Adams», recortado en forma de cúpula.**

inferior **Dos moreras acodadas de porte llorón (Morus alba «Pendula»), cuyos troncos se han lavado con caliza, mantienen poca altura y se les ha dado forma con la poda.**

Betula pendula *«Tristis»* **es un estrecho árbol de porte
llorón que actúa como centro de atención en este jardín
con grava y suaviza la severidad de las desnudas paredes
pintadas de color crema.**

Los árboles poseen un valor incalculable, proporcionan una sensación de
permanencia y añaden un aspecto tridimensional, pues literalmente se mira a través
de ellos. Es posible seleccionarlos para una puesta en escena que varíe con las
estaciones o por su impresionante follaje, pero la prioridad reside en su contorno,
al configurar un marcado efecto escultural en el nuevo jardín de estilo formal.

forma

Muchos árboles están naturalmente bien formados: dibujan por sí mismos una
rigurosa geometría. Pueden ser fastigiados —es decir, columnares— o formar arcos
de desarrollo amplio, ser llorones o desgreñados. Las formas altas y verticales señalan
un punto en el horizonte, así que actuarán a modo de centro de atención, como
el maravilloso *Calocedrus decurrens*, de 15 m, o el gran *Ginkgo biloba* «Fastigiata»,
de 30 m. En el caso de *Quercus robur* «Fastigiata», cabe esperar un crecimiento
lento, pero con el tiempo producirá una distintiva columna de hasta 20 m de altura.
Al crecer, *Fagus sylvatica* «Dawyck» forma un ejemplar de la misma altura.

Si se trata de espacios más reducidos, puede optar por árboles de jardín con el
mismo aspecto vertical, como cerezos de flor (*Prunus* «Amanogawa», de 10 m),
manzanos silvestres (*Malus* «Van Eseltine», de 6 m) y serbales (*Sorbus aucuparia*
«Sheerwater Seedling», de 4 m), así como dos agradables arces, *Acer* «Scanlon»
y *A. saccharum* subsp. *nigrum* «Temple's Upright».

Los árboles de aspecto desgreñado, como el plateado peral llorón (*Pyrus
salicifolia* «Pendula»), resultan atractivos cuando se espacian en hileras a lo largo
de un sendero. Un oscuro árbol perenne, la encina (*Quercus ilex*), con frecuencia se
ha utilizado de manera formal al darle una forma compacta y redonda, pero si no
se guía adecuadamente se convierte en un gran árbol de 25 m de altura. Otros
árboles de copa redondeada, como la desgreñada acacia (*Robinia pseudoacacia*
«Umbraculifera»), llevan de forma natural a la repetición, con una altura y
envergadura de 6 m; parecen solitarias cuando están aisladas, a menos que

el jardín sea pequeño. Evite los lugares con viento, ya que las ramas son frágiles. Muchos acebos tienen una copa redonda en estado natural, al igual que numerosos espinos, como *Crataegus pedicellata*, que alcanza los 5 m.

flores y frutos

Los árboles en flor suponen un valor estacional añadido al animar la escena formal con sus flores o frutos. Además de los populares cerezos y los manzanos silvestres, tanto los serbales como el espino blanco han empezado a destacar. Con frecuencia los serbales presentan dos estaciones de interés: en primavera, cuando florecen, y en otoño, cuando dan frutos. Entre ellos, el pequeño *Sorbus cashmiriana*, de sólo 9 m de altura, tiene una forma de cúpula con un follaje plumoso y el tesoro de sus pequeñas flores en primavera, seguidas de grupos de blancos cerezos. *S. hupehensis*, más alto, tiene un carácter más erguido y lleva grupos colgantes de blancos frutos. Existen formas con bayas de color rojo, naranja y amarillo; los frutos de *S. vilmorinii*, muy pequeño, son de color rosa, y el follaje resulta elegantemente delicado.

Los espinos blancos están formados por un material más áspero, con un aspecto más rígido. Hasta hace poco se habían descuidado en favor de cerezos y manzanos silvestres, aunque una forma fiable como *Crataegus laevigata* «Paul's Scarlet» (6 m) es muy resistente y sobrevive en un suelo de arcilla húmeda. Particularmente, prefiero un espino blanco que se utiliza con frecuencia como árbol urbano, *C. persimilis* «Prunifolia» (8 m); posee una clara forma redondeada y un rico color rojo en otoño, junto a un adorable color escarlata en los frutos. Estos árboles de aspecto bastante estricto son ideales plantados en hileras o en tramas; pierden la elegancia de un simple espécimen como los arces.

copas

La iluminación es una parte tan importante del jardín que debe tenerla en cuenta al elegir los árboles, incluso cuando el perfil creado por la forma de éstos sea el punto

serena simetría

En este jardín, diseñado por David Hicks, la maravillosa vista simétrica, luminosa en medio del helado invierno, nos impacta gracias a la plantación de castaños de Indias. Las avenidas que los unen nos retrotraen a las extensas *allées* del pasado, cuando tradicionalmente el eje culminaba en un templo o en una escultura clásica. En este caso, el amplio sendero de césped recortado nos lleva a través de tres niveles: se inicia en la superficie brillante de un estanque tranquilo y geométrico y termina con la amplitud del horizonte.

Los cambios otoñales aportan calidez a la planificada formalidad del jardín. Liquidambar styraciflua *presenta unas hojas bellamente delineadas con una magnífica coloración.*

prioritario en muchos de los jardines de estilo formal. Por ejemplo, no debe iluminar a través de árboles con una copa densa, como los espinos blancos. La copa de la catalpa (*Catalpa bignonioides*), de aspecto ancho, 10 m de altura y envergadura, también crea una sombra densa bajo ella debido a las enormes hojas. El follaje pinnado grande, como el de la angélica japonesa (*Aralia elata*), con las mismas dimensiones, impide el paso de la luz a las plantas situadas debajo, pero se trata de un hermoso árbol con una forma arquitectónica y grandes panículos florales de color crema; existe una atractiva forma variegada. Una copa densa, también, caracteriza al frutal perenne *Eriobotrya japonica*, un árbol resistente a las heladas que luce mejor en un lugar cálido y protegido. Asimismo, posee una forma expansiva, pero es lo suficientemente pequeño como para cultivarlo como un arbusto.

Sin embargo, la luz que se filtra a través de las copas abiertas añadirá movimiento a una escena estática. Los abedules plateados, los serbales y las robinias, como *Robinia pseudoacacia* «Lace Lady» y la dorada *R. pseudoacacia* «Frisia» (que crece hasta los 15 m), permiten una luz moteada a lo largo del jardín. Para lugares protegidos, la mimosa plateada (*Acacia dealbata*), de 10 m, y las variedades de *Acer japonicum* resultan árboles elegantes, con una buena forma.

árboles de tronco múltiple

Es posible podar el tronco principal de un árbol hasta el suelo mientras es joven, para disponer de un centro de atención dentro del diseño formal. Ello produce brotes laterales que se convierten en una serie de troncos y que suelen formar árboles. Si en su lugar optamos por plantar juntos tres pequeños vástagos, éstos competirán por los nutrientes, y el ganador crecerá en altura mientras que los demás podrán ver disminuido su desarrollo. El cultivo de un árbol de tronco múltiple resuelve este problema, ya que los troncos son igualmente fuertes. Este tipo de árboles posee un marcado carácter, y utilizados como especímenes en solitario tienen mucha demanda en los jardines de estilo minimalista. Los plateados abedules, en particular *Betula utilis* var. *jacquemontii* de 12 m y tronco de color blanco, son muy efectivos empleados de este modo, pero otros árboles pequeños, como *Acer negundo*, *Eucalyptus niphophila*, *Amelanchier lamarckii* y *Cercidiphyllum japonicum*, forman también atractivos especímenes.

Deberá decidir entre adquirir árboles ya crecidos en contenedores, o esperar hasta el otoño y plantarlos con el cepellón desnudo, ya sean grandes o pequeños. Los árboles que crecen en contenedores serán más caros debido al cuidado que reciben en el vivero; aunque en un principio ya parezcan maduros, las pruebas indican que los resultados serán los mismos al cabo de cinco años. Los tamaños comúnmente disponibles son de ejemplares «estándar resistentes», cuyos troncos tendrán un contorno de entre 12-15 cm, que forman grandes árboles «semimaduros» y que necesitarán una sujeción con cordeles estaquillados y un anillo de goma firme. Otra opción consiste en cultivarlos uno mismo a partir de un vástago de raíz desnuda, aunque deberá arriesgarse a perderlos por la acción del viento, las heladas o la sequía.

Cuatro delgados abedules (Betula pendula «Laciniata»)
describen un cuadrado, que refuerza la geometría de un
pavimentado jardín de estilo minimalista. Los abedules
pueden plantarse cerca unos de otros, y cuando maduren los
troncos aumentarán su diámetro y emblanquecerán, hasta
formar una estructura fuerte frente a una pantalla.

vivaces y anuales

Al ser tan angular, el moderno jardín de estilo formal necesita cierto brillo, en especial en verano. Los de estilo elegantemente minimalista pueden beneficiarse con la inclusión de una sola planta que altere su apariencia o se incline con la brisa. Las plantas herbáceas responden a esta necesidad, y las mejores vivaces se pueden integrar en un diseño formal para suavizarlo y darle una apariencia más contemporánea. También es posible utilizar los bulbos y las anuales de crecimiento rápido para señalar los cambios en un marco de estilo formal. (En la parte 2, página 148, encontrará más detalles sobre efectos rápidos, con vivaces y anuales, y sobre el uso de recipientes en el jardín moderno de estilo formal.)

vivaces herbáceas

Las plantas vivaces han alcanzado un nuevo período de popularidad. Estas plantas tienen una vida razonablemente prolongada y aparecen cada año, pero no son tan permanentes ni tan rígidas como los arbustos, recortados o no. Con todo, las vivaces utilizadas en el contexto formal moderno no son las flores del tradicional arriate herbáceo, y se podrían incluir especies cultivadas por su inusual follaje oscuro o color de las flores, como *Heuchera*, de hojas oscuras, y *Knautia macedonica*. La manera de utilizarlas depende del espíritu del jardín y su escala, de modo que su aspecto, tamaño, textura y colores pueden elegirse teniendo esto en cuenta. Las que son arquitectónicamente impactantes se han señalado con anterioridad (*véase* página 70).

forma del follaje

Si busca efectos marcados, utilice vivaces fiables con un follaje y floración muy definidos. *Astelia nervosa,* de color plateado raso, posee unas arqueadas, pero elegantes hojas puntiagudas; esta planta llega a los 60 cm, aunque sus plateadas hojas se extienden hasta un diámetro de 1,5 m. Sin embargo, requiere de un lugar cálido por lo que debe evitar colocarla en una zona totalmente expuesta y dejar que se seque por completo. *Sisyrinchium striatum* también presenta hojas finamente ornamentadas en un modelo de abanico bidimensional, enfatizado por espigas florales de color crema, de 60 cm de altura, a principios de verano; la forma

extremo izquierda *Esta escultura metálica surge entre un acolchado de lustrosas cuentas de cristal azul que rodean una plantación de la gramínea ornamental Stipa tenuissima, de suave textura.*

izquierda *Calamagrostis x acutiflora «Stricta», alineada con la plantación, enfatiza la espaldera metálica vertical que rodea la azotea. Un abedul de tronco múltiple es el centro de atención.*

El margen herbáceo todavía tiene presencia en el moderno jardín de estilo formal. En estos márgenes con vivaces de suaves colores, plantados por Arabella Lennox-Boyd, las ricas texturas y fuertes formas albergan un exquisito esquema de Verbascum de color cobre y crema, fríos amarillos de Achillea y grupos de Allium de color lila, junto a Heuchera de hojas rojas y lirios de hojas azuladas a sus pies. La luminosa armonía de colores se consigue mediante la blanca Hesperis y los agrupados panículos de gramíneas de un color paja que emergen por el arriate.

variegada resulta muy compacta. *Iris pallida* «Argentea Variegata», con flores de color lila, a finales de primavera, es similar pero ligeramente mayor. Todos los lirios presentan un interesante follaje, aunque la elección del terreno adecuado resulta importante: algunos prefieren el sol, y otros, una sombra ligera.

Entre otros tipos de follaje se incluye el sombrío fondo que dan las plumosas hojas de los hinojos y *Thalictrum lucidum*, con flores de color crema durante el verano, que llegan a los 1,2 m de altura. El follaje de los helechos o astilbes puede guarnecer arbustos más altos.

color

El jardín de estilo formal no es el lugar más adecuado para un incontrolado «río de colores» ni para la extravagancia multicolor del verano. Básicamente domina el

suavizar la austeridad del hormigón

Este jardín en un patio interior con un lavadero de color rosa, diseñado por Beebe Yodell, muestra un aspecto natural: una plantación dispersa en un entorno formal. Contiene sólo un olivo con un tronco ramificado junto a amapolas de California (*Eschscholzia californica*) que presentan autofertilización y que crecen al azar entre el pavimento de piedra. *Echeveria*, con frágiles rosetas, se planta en macetas de terracota. Las pocas plantas utilizadas son especies que toleran condiciones de escasez de agua, y con frecuencia son originarias de tierras áridas.

verde, y se utiliza el color para conseguir un fondo animado, que armonice o contraste con el material duro, o para lograr potentes efectos. También podemos introducir el color en un esquema sofisticado, por ejemplo cuando se limita a sombras monocromáticas o colores pastel; o para animar el jardín, con extravagantes primarios saturados. El jardín de color blanco y verde resulta chic y muy formal dentro de sus limitaciones. El follaje plateado también tendría cabida junto a flores blancas, como las graciosas flores rítmicas de la alta *Veronicastrum virginicum album* o los blancos lirios de la Virgen (*Lilium candidum*). Los luminosos grises, como los de *Artemisia*, también son importantes; combinan bien junto a la grava, lo que le da una apariencia mediterránea. Esta coloración resulta ideal junto a muros blancos de hormigón revocados, suelos de losetas unidas con acero o con madera lavada con caliza.

Los caprichosos azules, como los de la elegante *Campanula persicifolia* (1 m de altura), del sombrío índigo de *Aconitum* «Spark's Variety» (1,5 m) o el azul de *Salvia* x *sylvestris* «Mainacht» (45 cm), ofrecen un efecto frío que luce bien con los metales o pizarras; todas estas plantas florecen en verano. Plántelas junto al aceroso *Eryngium* en recipientes galvanizados. Parecen soberbias si se colocan delante de muros revocados de color amarillo o rojo y ocre, o en muros de color azul ultramar, así como junto a un suelo de baldosas de terracota.

Los púrpura ciruela y los brillantes magentas añaden riqueza y resultan impactantes contra las paredes de color crema o el pavimento de losetas de color verde azulado. Estos colores se encuentran en *Iris* «Black Swan» (80 cm de altura), que florece a mediados de verano, *Delphinium* grupo Black Knight (1 m), *Geranium psilostemon* (75 cm) y el sensible *Cosmos atrosanguineus* (60 cm), de color marrón intenso y que florece a finales de verano. Si necesita contraste, un suelo con baldosas negras, granito de color rosa azulado o la madera oscura intensificarán el efecto.

Los colores cálidos, terrosos, son claramente potentes, como los de *Helenium* «Coppelia» (1,2 m), de finales de verano, y *Hemerocallis* «Morocco Red» y *Achillea millefolium* «Paprika» (ambos de 60 cm), que florecen a mediados de verano. Plántelas junto a *Heuchera* de hojas broncíneas, para que se mezclen con el suelo de ladrillo y terracota o revocado de colores tierra. Hacia el final de la estación las dalias enriquecerán cualquiera de estos esquemas (*véase* página 155).

textura

La textura se ha convertido en un tema actual de importancia. Cuando el diseño es formal y las superficies claramente geométricas, el estilo de la plantación suavizará semejante severidad. Así, las plantas para sombra con flores diminutas, como

8 5

Arriates de hormigón elevados discurren junto a un sendero en este soberbio jardín, diseñado por Christopher Bradley-Hole, en el cual la simetría de la plantación asegura su carácter formal. A cada lado de la entrada, los gruesos troncos de color marrón de las viejas vides dibujan su silueta contra paredes blancas, mientras que la plantación del suelo cubierto de grava incluye las formas marcadamente verticales de lirios barbados, el fino Allium y Nectaroscordum siculum, con hierbas de bonita textura, como el hinojo y el romero.

Gypsophila o el fino follaje del hinojo (*Foeniculum vulgare*), son apreciadas por su aparente textura y actúan como una capa de peculiar organza. La iluminación es la clave: cuando el sol gira alrededor, las plantas cambian el carácter. Ilumínelas desde delante y serán más visibles; pero si lo hace por detrás, la silueta pasa a convertirse en una pantalla transparente a través de la cual podremos visualizar otras plantas o elementos del jardín. La textura también puede ser táctil, como la de las adornadas hojas de *Stachys byzantina*. Plantas como éstas, irresistibles al tacto, suavizan la percepción del diseño más frío.

Con frecuencia, las gramíneas ornamentales ofrecen propiedades de textura; también presentan una prolongada y tardía estacionalidad y pueden aguantar durante todo el invierno y cubrirse de «azúcar» con las heladas. De todas las plantas de jardín, son las que más responden a los cambios de iluminación; atraen a los sentidos de la vista, el oído y el tacto, lo que es ideal para la perfección de los jardines modernos. A menudo sus flores son un espejo de diminutas e insustanciales cañas, como en el caso de la perenne *Deschampsia cespitosa* «Goldtau», de 70 cm de altura, que florece a principios de verano. Otras tienen una estructura más sólida, como la redondeada *Pennisetum*, y en especial la adorable *P. orientale,* con una altura y una envergadura de 45 cm, cuyas flores de finales de verano parecen adornadas dedaleras. Algunas gramíneas son desgreñadas y semejan un pelo fino despeinado, como *Stipa tenuissima*, de 60 cm de altura, que florece en verano. Unas cuantas se mantienen claramente erguidas, como *Calamagrostis* x *acutiflora* «Stricta» que, sobre los erectos tallos de 1,5 m, proporciona un delicado pero firme contraste con las flotantes flores de mediados de verano.

En el moderno contexto formal, las gramíneas ornamentales actúan como encantadores animadores para esquemas que, de otro modo, resultarían estáticos.

Cuando las perennes recortadas suponen una vuelta a la sencillez, los modelos de líneas o de trama afectan al esquema; así, hacia finales de verano, la escena está en constante movimiento por el follaje que se mueve con las corrientes de aire mientras por encima revolotean las delicadas flores, reflejan la luz. (Si quiere más ideas sobre la utilización de la textura en los jardines de tipo formal, las encontrará en la parte 2, página 135.)

efectos de las anuales

Todos los jardines nos recuerdan el paso del tiempo, y lo mismo sucede en los nuevos estilos. Una vez establecido el marco formal, la apariencia del jardín cambia estacionalmente: primero con la frescura primaveral de los bulbos, después en el punto culminante del verano con el colorido que aportan las flores. El otoño proporciona al jardín una calidez final mediante la animación de las hojas y los frutos. De este modo, el carácter del jardín cambia durante el año y hace de él una forma única de arte.

Los bulbos, como los tulipanes, conducen por sí mismos hacia la geometría del estilo moderno. Con sus sofisticados colores, poseen una magnífica apariencia en primavera y son formalmente hermosos cuando se plantan en línea. También resultan ideales para conseguir un efecto de plantación diseminada si se cultivan pequeños grupos en lugares seleccionados.

Los lirios se adaptan maravillosamente al verano. Existen diversas especies e híbridos (*véase* página 151), y la mayoría prefiere pleno sol y un buen drenaje; la colocación de bulbos en un montón de arena de textura afilada resultará de ayuda. *Allium* añadirá, asimismo, un carácter formal en verano, particularmente las especies altas como *Allium giganteum*. Cuando la estación avanza, el agapanto proporcionará

Si busca orden en un jardín con muchas plantas, opte por mezclar vivaces y florecientes arbustos junto a un seto de boj de estricta geometría que contenga la plantación.

página anterior, extremo izquierda *Los márgenes plantados simétricamente poseen formas suaves, con gramíneas y Artemisia junto a florecientes vivaces como Verbena, Echinacea, Sedum y Aster.*

página anterior, izquierda *El azul intenso de Agapanthus inapertus aumenta con los muros revocados azules medianoche y cerúleo.*

flores altas de color azul o blanco, que emergerán entre el verde follaje acintado. Todas se sostienen con una dignidad apropiada para los jardines formales. Plante los bulbos a la profundidad correcta, normalmente corresponde a dos veces y media la altura del mismo. Si se trata de bulbos grandes y caros, como los lirios, trátelos contra los hongos y los roedores con un producto específico. Compruebe el drenaje del suelo y plántelos en arena de grosor medio, si es necesario.

Algunas anuales con espigas altas tienen el mismo potencial que los bulbos mencionados. Las formas erectas repetidas encajan bien en un diseño organizado, de modo que debe buscar las espigas de flores altas delgadas, como las de las digitales o *Moluccella laevis*. El color puede animar el diseño, y algunas anuales lo hacen de manera instantánea, como *Antirrhinum* o las dalias.

parte 2: interpretación

El moderno jardín de estilo formal depende, como siempre ha sucedido, de la organización que subyace en el propio diseño. En el pasado, las líneas se utilizaban por razones prácticas, además de ornamentales, para disponer de divisiones funcionales ordenadas, por ejemplo, para separar las hierbas culinarias de las medicinales o las terrazas para el césped. Los caminos de acceso siempre desempeñaban un papel principal, y las líneas se empleaban para enfocar la perspectiva, mientras que los diseños se basaban sobre todo en principios geométricos, porque los ángulos rectos resultaban satisfactorios. En cambio, los jardines contemporáneos utilizan el diseño lineal para explorar el espacio tridimensional del jardín, además de resaltar el plano unidimensional del suelo. El jardín, sea grande o pequeño, se divide, cierra o se fragmenta con líneas que son el esqueleto del diseño. Al principio, las líneas están claramente señaladas, tanto por el destacado entorno como por la suave plantación, pero a medida que el jardín madura se ocultan parcialmente con las plantas, y el diseño formal pasa a ser el sutil, casi inapreciable pero esencial, orden del jardín.

El arquitecto de este jardín, Ron Herman, se inspiró en un tablero de ajedrez formado por musgo y piedra que vio en un templo zen en Tokio, Japón. El diseño en cuadrados, definido en bronce, señala el nivel aplanado superior de la terraza con escaleras que bajan gradualmente y forman la terraza cúbica. Los materiales de superficie de guijarros finos de río contrastan con el rico verde de Helxine (sin. Soleirolia soleirolii). Debajo, el suelo está cubierto por Ophiopogon japonicus «Minor», que se adapta bien a las sombrías profundidades. Los altos y delgados bambúes salen de la cobertura del suelo, y hacen referencia a Japón con su oscura esencia frente a un muro blanco.

En la formalidad clásica, la planificación se basaba en las normas clásicas de escala y proporción, que incluían con frecuencia líneas axiales y una simetría perfecta. Muchos jardines seguían la tradición europea de grandes e impresionantes vistas, como las de Versalles, en Francia, o Caserta, cerca de Nápoles, en Italia. Otros consistían en pequeñas, cerradas y ordenadas colecciones de hierbas y flores. Cualquiera que fuera la escala, por lo general los jardines se planificaban con un diseño decorativo plano para poder observarlos desde arriba.

Recientemente, las tradiciones más formales de los jardines mogoles han inspirado los enormes jardines Viceregal, situados en Nueva Delhi y diseñados por sir Edwin Lutyens en la primera mitad del siglo xx. El diseño, basado en la simetría ceremonial, presenta canales de agua y agrupaciones de árboles recortados. Los acabados de arenisca de color rojo alrededor de delimitados céspedes y rectangulares macizos de flores refuerzan la insistente geometría.

La evolución del moderno jardín «tridimensional» empezó a mediados del siglo xx, cuando a través de la escultura y la arquitectura se introdujeron cambios significativos en el mundo de las artes visuales que con el tiempo influyeron en el diseño del jardín. Los nuevos materiales de construcción, como el hormigón, fueron otra parte de la historia. Pero, sean cuales sean los materiales utilizados, el jardín actual de estilo formal con frecuencia se percibió en sus orígenes como una habitación externa que compartía las funciones de vida diaria y que era el reflejo del estilo del propietario.

La moderna formalidad usa las líneas para cerrar y definir el espacio privado de modo arquitectónico: así, el jardín parece tener paredes, suelo y tejado. Lejos de ser una pintura enmarcada a la que admirar frontalmente, el visitante se ve alentado a caminar por la «habitación», para rodearse de su cuidado y descubrir detalles que no se aprecian desde la casa. Las líneas definen espacios en todos los niveles, bien sea en el suelo, con escaleras, muros o pérgolas por encima de nosotros. Las diversas zonas se hacen accesibles y se organizan mediante una base lineal, lo que lleva al visitante a explorar el lugar y pone el énfasis en la participación y la sencillez, en lugar de en la admiración y el ornamento.

escala

Los jardines actuales van desde meros balcones o pequeños patios hasta hectáreas de tierra inmersas en el campo. Pero puesto que los jardines no son lugares naturales, un diseño que se base en la formalidad puede resultar relevante tanto en los grandes jardines rurales como en espacios pequeños, contenidos. La formalidad moderna

líneas y diseño

Dos largos y estrechos arroyos con agua a cada lado de una pérgola central definen el diseño lineal de este jardín. Líneas paralelas de tilos tutorados refuerzan la simetría y conducen a la parte más profunda del jardín.

implica una planificación que va más allá del paisaje y tiene en cuenta también la geometría arquitectónica de la casa. La gran escala requiere un orden adecuado, por ejemplo, planificar una vista extensa hacia un punto alejado, enfáticamente rodeado por un seto recortado o mediante pérgolas paralelas. Líneas de menor importancia pueden cruzar el camino central, para dividir la zona en unidades más pequeñas y conducirnos a compartimientos situados a ambos lados.

El orden formal cerca de un edificio, como una terraza, separa bien los elementos de una casa y proporciona un lugar confortable a escala con ésta. Desde el punto de vista contemporáneo, esto se refleja en una zona ordenada asociada con el jardín, que no está separada por una balaustrada. La plantación debe mantener un vínculo con la geometría de la casa y utilizar un material impecable y bien estructurado, que será más relajado cuando el jardín se aleje de la panorámica rural.

Actualmente, los espacios grandes no son tan abundantes, y el extremo más pequeño de la escala es el centro de atención del diseño del jardín moderno. El siglo XX vio como la jardinería era accesible para todos, y el terreno privado se consideró una extensión del hogar. En sus casas de hormigón de los años treinta, el arquitecto Le Corbusier diseñaba patios abiertos y jardines de azotea que se relacionaban geométricamente con la casa y estaban a escala con las habitaciones interiores. Explotaba la sencillez esencial de esos espacios funcionales y mantenía que dichas zonas deben servir a la gente y al mobiliario; dejaba espacio para la plantación

y no para la decoración innecesaria. La escala del jardín más pequeño hacía de estos espacios recreativos un lugar manejable con el que poder trabajar, para permitir que la gente disfrutara de las plantas y compartiera el descanso.

Sean cuales sean sus dimensiones, mientras que la planificación del jardín tiene una base formal, a escala con los edificios y la gente, la plantación debe elegirse para enfatizar el diseño. Los jardines espaciosos deberán acoger especímenes altos, como la catalpa (*Catalpa bignonioides*), amplia, de hojas grandes, que alcanza 9 x 6 m, o el encantador *Cornus kousa* var. *chinensis*, de 7 m de altura. Las zonas de menor extensión no deben plantarse a escala enana porque la meticulosidad no resulta cómoda y, además, el jardín debe relacionarse con la gente.

Los intimistas jardines urbanos actuales tienden a ser introspectivos, si bien la gente puede caminar por ellos o detenerse para descansar sin sentirse incómodos. Los límites parecerán menos confinadores si «desaparecen», ocultos por arbustos perennes para muros, como *Pyracantha*, *Ceanothus* y *Escallonia*, para lograr que la zona parezca mayor. Y la escala real puede distorsionarse mediante la perspectiva, con el fin de exagerar la profundidad. Otro modo de confundir la escala real es con el empleo de espejos que reflejen líneas, formas y zonas del jardín, lo que creará una simetría formal. Esconda el marco del espejo con la ayuda de follaje, o recójalo en un «arco» para hacer efectiva la ilusión. De este modo, el jardín se extenderá a través de «ventanas» que no existen.

Las plantas también sirven para engañar. Aunque un jardín sea pequeño, creará un impacto espectacular con una planta de gran tamaño, como la cañaferla (*Ferula communis*), con un solitario tallo de ramosas umbelas de color amarillo de hasta 2,5 m de altura; esta planta necesita un buen drenaje y un cultivo a pleno sol. Al igual que las plantas, los contenedores también pueden ser grandes; colocados lejos de la casa, llamarán la atención. Piense en una enorme maceta de barro Alí Baba como una impresionante escultura focal; no resulta económica, de modo que en zonas frías deberá adquirir un material resistente a las heladas. Cuando el espacio es un valor añadido, las artesas elevadas, de 40 cm de altura, se adaptarán al diseño geométrico del suelo y harán del jardín un lugar tan eficaz como la cocina.

líneas

En todo jardín, bien sea casualmente o por diseño, el orden subyacente se refleja mediante líneas. Éstas dividen y fijan normas, crean unidades y marcan niveles, conducen la vista hacia una determinada dirección y fijan los objetivos. Y eso afecta sobre todo al ambiente que desprende el jardín, según sean éstas fuertes, sutiles o fluidas. En el jardín moderno, las líneas son muy enfáticas y desempeñan un doble papel: responder de forma práctica a las necesidades mundanas y fijar el impacto creativo del esquema.

En general, la formalidad significa que las líneas se encuentran en ángulo recto o en paralelo; y todo en el jardín sigue esta fórmula, desde los elementos duros del paisajismo hasta las delicadas plantas, pero ello no implica necesariamente una simetría. Una vez creado un eje central, siga con un sendero o *allée* que pueda divisarse al final y divida el jardín en dos. Esta clara simetría resulta excesiva en muros, escaleras, setos o márgenes. Puesto que son tan visibles, conducen la vista alrededor del espacio, con el objetivo de enfatizar la estética del diseño.

Tomar las líneas del diseño del jardín a partir de las de la casa es una manera útil de mantener el orden en ambos espacios. Las subdivisiones internas junto a las puertas, galerías, ventanas y balcones nos indicarán las proporciones que conforman la base de un diseño formal. Las líneas del suelo relacionadas con la propiedad se consiguen mediante muros, vallas, pantallas, pavimento, arriates plantados y setos. Las líneas que dibujan las estructuras situadas a un nivel más elevado mantienen el

Claramente efectivo, en este jardín invernal, de diseño tan geométrico, se han recortado manzanos silvestres (Malus «Adams») que crecen a través de plataformas elevadas de madera, colocadas en un modelo de trama.

diseño global mediante vigas de madera o acero y pérgolas que sostienen especies trepadoras. Las líneas subyacentes pueden ser continuas —como las de un muro de contención en un jardín de dos niveles— o pueden sugerirse mediante una unión visual a través de una masa de plantas o un espacio vacío.

Las líneas del diseño también acostumbran a resolver problemas. Por ejemplo, los jardines destinados a una casa pocas veces presentan acabados perfectamente paralelos, y algunos terrenos son más una franja estrecha, un triángulo o una curva en forma de «L». Es posible resolver «imperfecciones» como éstas con un diseño formal que ignore los límites del jardín, de modo que se relacione geométricamente con la casa y las zonas menos agraciadas se oculten mediante especies perennes.

senderos

Los senderos dibujan las líneas del jardín pero, si se trata sólo de una línea funcional recta entre dos puntos, puede estropear su encanto. En los jardines modernos, los senderos constituyen una invitación, un medio de explorar y descubrir lo inesperado. Incluso los jardines pequeños resultarán beneficiados si no se revela todo inmediatamente. Debe existir un poco de magia, como en el hecho de perder de vista el sendero que discurre junto a un seto o una valla para invitarnos a descubrir lo que hay situado detrás.

Normalmente, los senderos principales tienen una amplitud aproximada de 1 m, aunque prefiero que sean de 1,2 m o más, para poder pasear por ellos en compañía. Además, me gusta la claridad que supone la amplitud, sobre todo en el límite de la hierba. Y los caminos anchos permiten que el follaje invada los confines y suavizan la formalidad. Por el contrario, se pueden apretujar los senderos muy estrechos entre setos, para cercar claramente al paseante al tiempo que sugieren una espectacular apertura situada en la parte posterior.

Las líneas que conforman rutas pueden afectar al paseo. En todos los jardines existen partes más interesantes que otras, de modo que podemos entretenernos, para admirar su belleza, en la forma de una planta o una vista, o pasar rápidamente cuando el paisaje no resulte tan interesante. Las líneas curvas controlan de manera poderosa nuestra paz y, como parte de una circunferencia o un círculo, se adaptan bien a los modernos jardines de estilo formal. Cuanto más pequeño es el círculo, más cerrada es la curva, lo que limita la velocidad de nuestro paseo en las zonas más emocionantes, donde las ondulantes curvas disminuyen nuestra velocidad para que nos perdamos con la contemplación del entorno.

Una vez establecido el sendero formal, se refuerzan las líneas del diseño mediante plantas, como las líneas paralelas de un seto recortado formalmente,

extremo superior *El seto de boj aplanado se ha recortado en líneas diagonales que se estrechan hasta casi formar un punto y enmarcan una piscina en forma de cuña.*

superior *El «Physics Garden», diseñado por Charles Jencks, es una interpretación única de un jardín culinario donde explorar los sentidos. Ciertos conceptos se repiten, como el diseño con fractales, lo que contribuye a la calidad lineal de la plantación; las esculturas en espiral representan la teoría de la estructura del ADN.*

líneas diagonales

Las líneas paralelas de un seto bajo de boj, de 45 cm de altura, crean un efecto dinámico en este pequeño jardín. La plantación en diagonales incrementa la zona disponible para los paseantes, y un seto de boj más alto, de 1,5 m, también sirve de pantalla para ocultar el cobertizo situado detrás. El pavimento de hormigón cuadrado se coloca en ángulos de 45° respecto a la casa, con el fin de reforzar el diseño lineal y crear la sensación de un espacioso patio interior donde sentarse. En este caso, el centro de atención lo aporta un ejemplar de *Robinia pseudoacacia* «Bessoniana», sobre una cobertura perenne de *Walsteinia ternata*; mientras, el pequeño *Prunus mumi* «Omoi-no-mama» nos deleita desde la casa, en primavera, junto a un suelo cubierto por *Asplenium scolopendrium* grupo Undulatum. Diversos arbustos de pared, tales como *Chaenomeles speciosa* «Nivalis», *Garrya elliptica* «James Roof», *Clematis armandii* «Snowdrift» y, orientado al sur, *Itea ilicifolia*, adornan las paredes revocadas. En el extremo norte, los espacios triangulares se llenan con recortados ejemplares de *Osmanthus delavayi* para crear una estructura formal y proporcionar fragancia en primavera. Los arriates se han plantado con vivaces herbáceas con efecto estacional, y en tres «toneles» se han utilizado bulbos de primavera o lirios de floración estival.

interpretación: *líneas y diseño*

Esta parte del jardín mostrada con anterioridad en invierno (página 93) sufre un cambio de nivel con un nuevo diseño, resuelto mediante una geometría simple. La escalera, delimitada por unidades de granito, emerge entre arriates cuadrados llenos de plantas, que sostienen recortados Malus «Adams», cuyos troncos han sido lavados con caliza.

como se describe en la Parte 1 (*véase* página 64) para enfatizar un sendero principal.
En un terreno de menor dimensión, un seto enano será más efectivo: la plantación
paralela de setos de lavanda o santolina reforzará un diseño formal y ayudará a
clarificar rutas, al tiempo que separará las plantas del pavimento. Esto puede verse
acentuado por columnas de recortados laureles o fucsias a intervalos regulares.
Un grupo del llorón *Cotoneaster salicifolius* «Pendulus» marcará un claro estilo, con
ramas semiperennes guiadas, llenas de flores o bayas de color rojo y que pueden
llegar a los 3 m de altura. El cerezo de ramas horizontales *Prunus* «Shogetsu» suele
formar un túnel cerrado de bajas bóvedas a partir de ramas llenas de grupos de
blancas flores, en primavera, y con un coloreado follaje otoñal; alcanza casi los
5 m y tiene una amplitud de 9 m. Las pérgolas de madera son otro medio de
enfatizar una ruta recta, ya que añaden líneas superiores tridimensionales.

No en todos los patios compactos se encontrará un sendero, aunque las líneas
del diseño pueden estar todavía subyacentes, por ejemplo, en la forma en que se
coloca el pavimento respecto a la casa. Juiciosamente colocadas, las plantas de
maceta son una buena forma de sugerir la estructura lineal del jardín: el ojo dibuja
una «línea» en movimiento de una a otra. Hileras de recipientes idénticos, como
los naranjos plantados en macetas, típicos de los jardines del Renacimiento italiano
(*véase* página anterior), aunque a pequeña escala, enfatizarán el diseño durante
todo el año si se plantan junto a cúpulas de boj recortado. Puede cambiar las plantas
si quiere lograr un efecto estacional, pero evite introducir una excesiva variedad.
Es preferible conseguir la formalidad a partir de plantaciones repetidas, como las
lavandas, cultivadas en macetas a pleno sol, o *Cordyline*, en recipientes de mayor
tamaño. En un lugar a la sombra, los helechos, como *Polystichum setiferum*,
o las gramíneas, como *Hakonechloa macra* «Aureola», resultan adecuadas
para un orden rítmico.

El diseño con líneas diagonales crea jardines menos tranquilos y más dinámicos.
Hay un sentido de urgencia que lleva al ojo a cruzar el jardín, de elemento a
elemento. Al no poseer una formalidad tradicional, la organización en diagonal
introduce un orden contemporáneo distinto y una utilización positiva. Las diagonales
provocan que los jardines pequeños parezcan mayores, y con frecuencia se hace un
mejor uso de la zona: si se utilizan en jardines estrechos, pueden incrementar de
modo efectivo la amplitud aparente.

modelos geométricos

Otra opción emplea las líneas de modo distinto: crean un estilo global del jardín más
pasivo, sin senderos ni puntos focales. El orden matemático domina en los jardines

extremo superior **Plantados en un modelo de trama bien definido,
las bolas inertes de** Echinocactus grusonii **resultan espectaculares
en este cercado cuadrado tipo parterre. Detalle de un jardín
diseñado por Marta Schwartz.**

superior **La sobria plantación de un huerto formal se refuerza de
manera sencilla con el césped segado y crea un modelo de trama
cuadrado. Los árboles se sitúan en la intersección de los senderos
recortados, mientras que las flores silvestres crecen en las zonas
con más césped.**

formales actuales, y la sencillez de un modelo de trama resulta interesante, siempre que guarde escala con el lugar. En los jardines grandes, el modelo de trama consiste en una sencilla composición geométrica que cubre un espacio cuadrado.

Apuntaladas mediante plantas idénticas en cada intersección, las líneas de un modelo de trama ocupan todo el espacio. A diferencia del modelo de una línea central o de la simetría, las líneas que conforman un modelo de trama no conducen a ningún lugar, y no existe una línea más importante que otra, con lo que el diseño es tranquilo por sí mismo.

En los jardines modernos más grandes, es posible disponer fácilmente de un modelo de trama con el uso de árboles, como en un huerto, para crear un ritmo ordenado que pasa a ser tridimensional mediante la cobertura proporcionada por la copa. Mirar a través del modelo de trama de los troncos columnares de los árboles es una experiencia estupenda. Los haces de luz crean un movimiento ondulante en el suelo, y los cambios estacionales marcan el paso del tiempo. En sus soberbios esquemas modernos, el paisajista americano Dan Kiley utilizaba con frecuencia modelos de trama de distintos modos y elegía a menudo árboles como la acacia

de tres espinas (*Gleditsia triacanthos*), de hojas finas y de 15 m de altura, o los espinos blancos de amplia envergadura, como *Crataegus persimilis* «Prunifolia», que llega a los 8 m. Las despeinadas acacias (*Robinia pseudoacacia* «Umbraculifera») resultan adecuadas en lugares más pequeños, y su altura y envergadura alcanza los 6 m. No forman una copa definida, pero emergen de modo efectivo desde zonas planas con vegetación abiertas hacia el cielo. Se puede añadir otra capa, entre el suelo y la copa arbórea, si plantamos los árboles centralmente en una plataforma de boj recortado, a unos 60 cm de altura. Las arboledas geométricas como éstas también son adecuadas para zonas pavimentadas, donde el modelo en trama interseccionado proporciona un lugar natural para asientos a la sombra, con una mesa incorporada al edificio.

En los jardines pequeños, el pavimento cuadrado colocado en un modelo de trama sencilla queda anónimo, sin dominar nunca el espacio, si bien un esquema parecido al de un tablero de damas proporciona estilo a los modernos terrenos compactos. Puede optar entre cubos bajos de boj recortado mantenidos a unos 45 cm de altura, o zonas planas de tomillo rastrero intercaladas con cuadradas losetas de las mismas dimensiones, unos 45-60 cm. Es posible pasear sobre una alfombra de tomillo pero, si no es necesario, los cuadrados pueden rellenarse de modo efectivo con la resistente siempreviva mayor (*Sempervivum tectorum*), para zonas frías, o la tierna *Echeveria elegans* para las más cálidas. Todos los árboles necesitan mucho sol y un suelo arenisco con un buen drenaje. Guiar hiedras de hoja pequeña es otra opción, recortadas en cuadrados a ras de suelo.

En los jardines modernos se ha producido un resurgimiento en el interés por los laberintos, lo que se trata claramente de una cuestión de líneas, bien sean rectangulares, espirales, concéntricas o tridimensionales. Más que dibujar sólo un modelo, añaden un ambiente intangible.

espacios geométricos

El ideal clásico de una escena pintoresca constaba de una serie de planos unidimensionales que se podían admirar desde un mirador. Cuando los jardines simétricos, basados en un eje central, dividían una zona en partes iguales, el centro de atención residía en el sendero principal divisorio, al que cruzaban rutas paralelas con una menor significación. Las zonas reducidas y las líneas que las separaban conformaban modelos de superficie que adquirían mayor importancia que el espacio global del jardín. Y los remolinos y los parterres con linderos de boj y flor de lis eran como la crema de un pastel: decorativos y bidimensionales. Los modelos simétricos se realizaban sólo para crear un efecto embriagador, ricamente coloreado y de marcada textura, pero aplanado.

página anterior Una sobria y geométrica aproximación al diseño de un estanque sin ornamentos revela la tranquilidad del agua estancada, en este caso bajo la temprana luz de la mañana.

Tres lados del césped se han delimitado mediante un estrecho canal de agua, en un diseño del autor. El inmaculado pavimento está formado por losetas verdes de Cumbria cortadas con precisión, mientras que las salvias de color rojo proporcionan una nota vegetal en un húmedo macizo cubierto de guijarros.

El estrecho jardín triangular presenta una forma de plantación difícil, pero este esquema resuelve la dificultad con un diseño totalmente lineal. Esferas Recortadas de la gris Santolina chamaecyparissus forman líneas paralelas que conducen a cada lado del camino. La verde Santolina rosmarinifolia recortada continúa el diseño, pero también lo cruza para crear un centro focal.

Cuando los jardines se hicieron más pequeños, la moda de un césped central abierto enmarcado por márgenes plantados emulaba al pasado y fue aceptada como la nueva norma. A veces había macizos-isla que cortaban la llanura de un césped a modo de alfombra y recordaban desde una perspectiva decorativa a los parterres. El espacio real del jardín no se explotaba en su totalidad, ni era acogedor.

La elaboración de un modelo ya no tiene sentido, y el diseño del jardín actual resulta más emocionante y más envolvente. Aparece el elemento tridimensional, una planificación del espacio formalmente definida sobre principios geométricos donde la gente pueda mirar hacia arriba, hacia abajo y hacia cualquier parte, ya que se considera al jardín como una «habitación sin techo». A partir de la arquitectura moderna, equilibre la masa de los elementos característicos del jardín y el material vegetal mediante claros espaciosos, un ingrediente insustituible.

planificación del diseño

Una hoja de papel en blanco supone indecisión. Pero piense que no es necesario llenar cada rincón del jardín con plantas, porque las zonas vacías equilibran la energía de la masa en crecimiento. Para el diseñador con sentido práctico, las primeras decisiones son similares a las que se toman en el diseño de una casa: la necesidad de separar áreas de servicio. El espacio restante puede dividirse entre el ocio y las plantas; sólo el usuario sabrá qué es más importante. Si un área es más grande que la otra, el diseño será menos predecible y más emocionante.

Busque el contraste entre un espacio grande y apacible con uno de menores dimensiones y muy compacto. O haga la zona más espaciosa, con abundantes

100

Los detalles muy afilados acostumbran a presentar problemas, pero, en este caso, la grava fluye fácilmente alrededor de un curvado macizo, plantado con Verbena bonariensis.

extremo superior *El acabado de hormigón en el pavimento cuadrado permite un diseño ondulante a un lado del estanque.*

superior *La terraza baja recorre el contorno natural del terreno, soportado por muros de sauce entrelazado que dibujan una serie de macizos planos.*

curvas fluidas

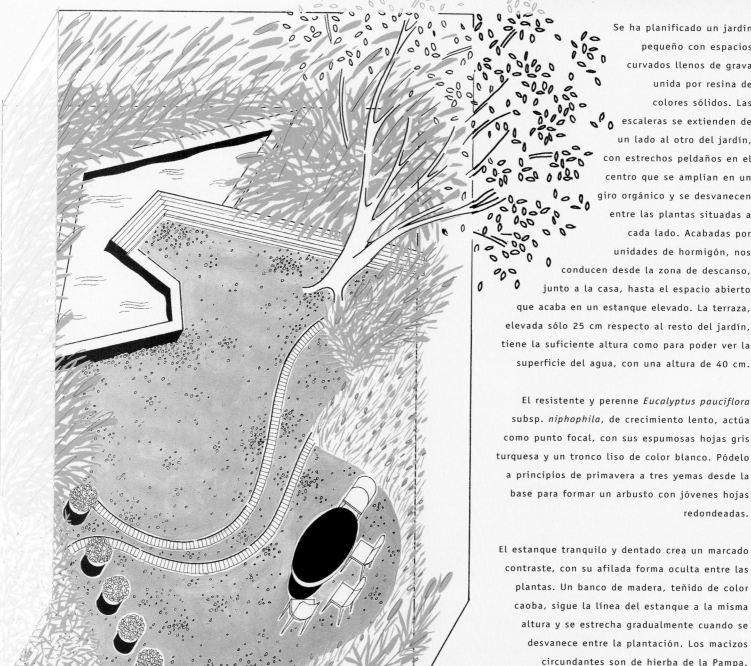

Se ha planificado un jardín pequeño con espacios curvados llenos de grava unida por resina de colores sólidos. Las escaleras se extienden de un lado al otro del jardín, con estrechos peldaños en el centro que se amplían en un giro orgánico y se desvanecen entre las plantas situadas a cada lado. Acabadas por unidades de hormigón, nos conducen desde la zona de descanso, junto a la casa, hasta el espacio abierto que acaba en un estanque elevado. La terraza, elevada sólo 25 cm respecto al resto del jardín, tiene la suficiente altura como para poder ver la superficie del agua, con una altura de 40 cm.

El resistente y perenne *Eucalyptus pauciflora* subsp. *niphophila*, de crecimiento lento, actúa como punto focal, con sus espumosas hojas gris turquesa y un tronco liso de color blanco. Pódelo a principios de primavera a tres yemas desde la base para formar un arbusto con jóvenes hojas redondeadas.

El estanque tranquilo y dentado crea un marcado contraste, con su afilada forma oculta entre las plantas. Un banco de madera, teñido de color caoba, sigue la línea del estanque a la misma altura y se estrecha gradualmente cuando se desvanece entre la plantación. Los macizos circundantes son de hierba de la Pampa.

En este jardín diseñado por Daniël Ost las sinuosas líneas de boj bajo recortado fluyen rítmicamente en repetidas ondas y acaban en un césped de gran distinción.

detalles, adyacente a un espacio pequeño donde descansar tranquilamente. Decida si marcará la división mediante un cambio en el material de la superficie o con el cerco de uno de los espacios, bien sea para tener intimidad o para protegerlo del viento. La luz natural ayuda a definir formas y espacios; los colores oscuros intensos parecen no tener límite, en contraste con las zonas abiertas y llenas de luz que resultan más acogedoras. Para un diseño geométrico, defina y cerque el espacio con estructuras de ángulos rectos y con madera, ladrillos, hormigón o muros de cristal, o setos. Una vez planificadas las zonas especiales, el visitante puede dirigirse a ellas a través de amplias entradas que deben ser muy acogedoras o seductoras.

En el jardín más grande, un césped continuo será tan emocionante como los espacios de proporciones más íntimas: tal sencillez se adapta bien a la idea de moderna formalidad. Tanto si es rectangular como uniformemente circular, un espacio abierto resulta tranquilo. Nada debe interrumpirlo, excepto quizás un espécimen de árbol; le sugiero que no lo sitúe en el centro, sino cerca del límite del jardín, donde la copa lo unirá a la otra parte.

En espacios modernos más reducidos, con frecuencia la grava o el pavimento se aguantan sobre los prados. Esta superficie dura podría parecer demasiado rígida en países fríos o templados, de modo que es preferible dejar que las plantas que forman almohadillas, como *Thymus serpyllum* o *Pratia pedunculata*, vaguen y suavicen el efecto de la grava. Para una suave asociación con las losetas del pavimento, un seto enano recortado, como la plateada *Santolina chamaecyparissus* o la verde *S. rosmarinifolia*, mantendrá la formalidad, aunque también podría limitar la sensación de espacio. Por ello, conviene disponer de una extensión de hierba, grava o pavimento hasta el límite con el lindero. Cuando existen, la valla o el muro pueden delimitarse mediante una hiedra, que «difumina» los límites del jardín.

Las estructuras altas cercarán espacios más reducidos y ocultarán vistas, para que no se vea todo en un primer momento. Delimite determinadas zónas con vallas o setos formalmente recortados, como el tejo u *Osmanthus* x *burkwoodii*, de aromáticas flores blancas y denso follaje. Otras áreas pueden estar cubiertas de manera parcial mediante una pantalla transparente, como se describe en la Parte 1 (*véase* página 37), o cerradas estacionalmente con gramíneas ornamentales altas, como *Miscanthus floridulus*, para disponer de un lugar de recluida intimidad.

El volumen «tridimensional» del jardín puede estar integrado en la parte superior por las copas de los árboles o mediante vigas de madera o metal, soportadas con postes o unidas a la pared de la casa. Similares a las pérgolas, estas estructuras se unen al diseño del jardín al igual que una escultura y definen un espacio en ángulo recto tridimensional, gráficamente unido al cielo. Puede dejar una viga descubierta pero, si es de madera, evite la romántica apariencia rústica que supone cubrirla con madreselva y elija un follaje desnudo como el de *Vitis coignetiae*.

espacios orgánicos

La geometría pura no es la única influencia que ha llegado al jardín moderno. Existen algunos períodos en la historia de los jardines ingleses en los que ésta se sustituyó por un «orden natural», como en los paisajes arcádicos del siglo XVIII de Capability Brown y Humphrey Repton. Más tarde, a finales del siglo XIX, llegó una inspiración totalmente fresca desde Japón. Las impresiones de este país que circulaban por Europa revelaban diferentes valores artísticos y una nueva forma de crear un espacio altamente organizado, basado en las fluidas asimetrías presentes en la naturaleza. La influencia de los jardines japoneses también era vigorizante, pues el diseño estaba libre de las limitaciones geométricas y enfatizaba el espíritu del lugar.

Los clásicos jardines zen revelaban la sensible observación de la naturaleza y una referencia al paisaje orgánicamente formado. Se construían y mantenían con una meticulosa atención hasta el mínimo detalle, pero con gran contención. La inspiración procedía de la posición de la tierra, con sus curvas y ondulaciones. Las líneas onduladas, totalmente decorativas, no tenían poder, tensión ni contraste entre la suavidad y la energía; las líneas «orgánicas» son alargadas o tirantes, rastreras o tiesas, sencillas o fragmentadas. No son fáciles de dibujar en un plano, de modo que deberá intentar desarrollarlas a partir de las formas naturales como el pedernal o la veta de la madera, con rocas o plantas que interrumpan su flujo. Evite el remate de áreas y senderos —en una ribera o un bosque no existen márgenes ordenados—, pero saboree el crecimiento natural de las plantas cobertoras del suelo o las gravas que forman curvas orgánicas.

Este enfoque alternativo al diseño de jardines marcadamente ordenado no divide tanto el espacio como la geometría pura. Puede estar relacionado con las instantáneas que se captan con la cámara, donde se revelan las zonas vacías y grandes que pueden dominar la escena y equilibrar bellamente los pequeños detalles. Muéstrese siempre contenido: las tradiciones zen sobre asimetría proceden de la naturaleza, pero el arte de crear un orden formal está relacionado con la armonía y el equilibrio del hombre.

extremo superior *La naturaleza, y no la geometría, es la fuente de inspiración de este paisaje «japonés». Emergentes rocas afiladas, entre un mar de grava por el que se ha pasado un rastrillo, mantienen una relación dinámica y tensa, mientras que una roca recostada sostiene un pequeño estanque de rocío en este evocador jardín.*

superior *En un diseño de Cleve West, este sendero de jardín, formado por impecables unidades de granito, rodea la forma curvada del césped y conduce al visitante hacia la parte posterior, más iluminada.*

Los requisitos básicos del jardín formal contemporáneo son en esencia los mismos que los del pasado. Hoy en día los esquemas modernos geométricamente planificados todavía arrastran la tradición europea de las líneas rectas que conducen a un punto de atención: un templo, una estatua o una urna. Los itinerarios y vistas intencionadas se utilizan tanto como en el pasado, aunque a una escala diferente; las zonas para descansar siempre serán necesarias; las frondosas arboledas precisan el equilibrio de espacios abiertos. Esta extraordinaria herencia no se ha abandonado sino que, como veremos, sencillamente se utiliza de un modo distinto: se ha adaptado al nuevo siglo.

George Carter diseñó este jardín contemporáneo que nos recuerda claramente a otras tradiciones y juega con la imaginería gótica y oriental a través de la madera pintada de blanco.

expectativas de cambio

Aunque las funciones del jardín actual son en gran medida las de siempre, nuestras vidas discurren bajo principios más racionales y vivimos a una escala menor. Generalmente, los jardines contemporáneos se planifican para un uso doméstico, y el propietario se ocupa de su mantenimiento. Además, tienden a ser más pequeños, más económicos y muy personales. En la actualidad, la individualidad priva más que el estatus y, en consecuencia, las expectativas son muy diferentes de las de los propietarios del pasado. Puesto que nosotros mismos nos ocupamos de nuestros jardines, debemos evitar los detalles minuciosos: los flecos y remates pertenecen a la historia. Así, aunque persiste la necesidad de disponer de una terraza donde descansar, una balaustrada de piedra es muy pomposa en el contexto moderno. La disposición de un espacio de fácil mantenimiento, tridimensional, cómodo y acogedor es más importante que la ornamentación.

Los jardines urbanos contemporáneos, en particular, tienden a presentar una planificación sencilla y, con frecuencia, un mobiliario integrado en el edificio y construido con hormigón, ladrillo o madera. A menudo, los linderos y las divisiones del espacio son geométricas, en concordancia con la casa, y los materiales utilizados pueden ser piedra, plataformas de madera u hormigón. Los macizos con plantas pueden estar elevados para facilitar el acceso, y el diseño es sencillo y sin adornos, y muchas veces se deja que la plantación suavice el lugar.

escala

Antiguamente existía poca diferencia entre las grandes fincas planificadas sobre grandes líneas y los básicos jardines campestres que alimentaban a una familia. Pero, en la actualidad, esta distinción se ha limado poco a poco, hasta encontrarnos con una dimensión del jardín que varía desde la de los balcones hasta la de los patios de una ciudad y que pasa por los típicos terrenos suburbanos y jardines campestres de varias hectáreas.

Sin embargo, lo pequeño no es un concepto totalmente nuevo, ya que con frecuencia, en el pasado, los jardines grandes se dividían en más pequeños, con un pozo central o una fuente. Los pequeños jardines actuales son tratados como habitaciones abiertas al exterior, a modo de una eficaz vivienda externa. A pesar de su menor tamaño, han aumentado nuestras expectativas en cuanto a las necesidades prácticas que deben cubrir, así como a la relajación. Existen maravillosos jardines campestres, florecientes franjas urbanas llenas de plantas, prácticos patios pequeños e incluso diminutos balcones pensados para pasar el rato con los amigos, todos ellos

tradicional e innovador

izquierda *Un obelisco que podría haber formado parte de un jardín formal del siglo XVIII es el centro de atención de un pequeño patio urbano simétrico. Está centrado sobre un tanque elevado, con agua, reminiscencia de los jardines clásicos portugueses, desde el cual cae el agua hacia un estanque situado debajo, a ras de suelo. Un modelo de trama define el pavimento de losetas.*

página siguiente *Dan Pearson diseñó este patio de azotea con una plataforma de madera para el visitante y recipientes de acero doblado que albergan abedules de tronco múltiple. El resto del espacio está lleno de plantas que emergen desde el suelo.*

diseñados a escala humana, accesible. Se han equipado un número elevado con diseños que resultan al mismo tiempo simplificados y condensados.

Los espacios más pequeños también se han llenado con trepadoras y arbustos para muros que utilizan y cubren las superficies erguidas y los linderos. Las vigas pueden sustituir a las antiguas pérgolas, ahora fijadas a la pared para sostener dichas trepadoras, sin la necesidad de postes.

utilidad, coste y mantenimiento

Los grandes jardines del pasado se crearon como prolongaciones de un estilo de vida opulento. Tenían que impresionar, mientras que actualmente el énfasis se pone en un ambiente placentero. Para aquellos que aman los jardines, la expectación reside en que éstos respondan a sus sueños, al tiempo que inviten a salir al exterior durante el verano. Pero el coste debe ser realista. Y aunque con frecuencia, en el pasado, los jardines dependían del trabajo de jardineros, la mayoría de nosotros, preocupados por nuestra economía, hacemos el trabajo personalmente.

Los materiales elegidos pueden conducir al estilo. Así, si le gusta el pavimento de caliza de color crema, con toda probabilidad seguirá un modelo minimalista donde dominarán por completo los tonos pálidos y fríos y materiales igualmente inmaculados: blancas paredes revocadas, por ejemplo, que se pintan al principio de la estación, cuando las baldosas se limpian a presión. El mantenimiento de las estructuras de acero pulido o los paneles de cristal opaco es fácil, y una rápida limpieza restaurará la apariencia original del mobiliario. De igual modo, el cuidado de las plantas no debería ser complicado: las más adecuadas son las especies perennes de porte regular, como las magnolias y las simétricas palmeras de abanico.

Por otro lado, la elección de plataformas como superficie para el suelo indicará que usted prefiere una sensación más cálida y relajada, así como, quizás, otros materiales naturales y paredes revocadas bañadas de terracota. Podría aceptar cierto grado de «desorden» para que el mantenimiento no resulte oneroso. En este sentido, por ejemplo, la caída de las hojas no se vería como un hecho desastroso; el mobiliario construido por tablas de madera podría cubrirse con cojines, y un toldo de lona difuminará la luz del cielo. Entre las plantas suaves podemos incluir arces elegantemente ramificados o bambúes.

mantenimiento Durante la primera mitad del siglo XX, los artistas de estética Bauhaus decretaron que las casas modernas debían ser de fácil mantenimiento. Los jardines se diseñaban teniendo en cuenta esta idea, con espacios funcionales que más que imitar el lujo servían a las necesidades de sus dueños. Aunque se trata todavía de crear un «jardín agradable», el espacio debe resultar práctico.

La formalidad es el punto de partida perfecto, y el modernismo, con su insistencia en la coherente sencillez, es el principio ideal sobre el cual planificar un

jardín práctico. Esperamos que haya espacio para lo esencial, como tanques de aceite, pilas de compost y cobertizos para almacén, mientras se mantiene una zona en el exterior cálida y de gran belleza que resulte tranquila para descansar. El pequeño jardín «manejable» cubre una necesidad práctica, con mobiliario incorporado al edificio que se incrementaa, como el caso de macetas elevadas y pequeños estanques alimentados por una fuente desde un surtidor en la pared. Paredes de ladrillos de cristal, hormigón coloreado revocado, compactos postes de madera o paneles o espalderas de sauce entrelazado sirven como pantalla y son un elemento atractivo.

El cuidadoo de un jardín bien planificado resulta esencial para mantener el frío refinamiento característico de la moderna formalidad. Disponer de un buen almacén listo para poner las herramientas del jardín y las sillas apilables es un asunto sencillo y se pueden ocultar fácilmente si los espacios organizados geométricamente incluyen un elemento que sirva de pantalla. La formalidad también supone pocos detalles y espacios despejados, y por tanto, menos desperdicios que tienden a acumularse. Una cuidada elección de los materiales resultará de gran ayuda. Tradicionalmente, la piedra recubierta de algas y los ladrillos recubiertos de musgos se consideraban

románticos, siempre que alguien se ocupara de su limpieza. Hoy en día, la mayoría de las superficies duras con una buena unión, uniformes, son fáciles de limpiar, y esto es una ventaja en un verano seco y polvoriento. Pero si el suelo duro es de losetas de caliza de color pálido, por ejemplo, existen empresas que le harán una limpieza a presión una o dos veces al año. La grava se mantiene en orden durante la mayor parte del año, pero si se cubre con las hojas que caen en otoño, deberá eliminar las más grandes manualmente y, después, pasar el rastrillo. Las plataformas de madera siempre tienen espacios bajo ellas, de forma que es fácil pasar un cepillo para limpiarlas.

Las superficies pintadas o brillantes, como el mobiliario de madera o de metal, pueden cepillarse o limpiarse con facilidad, pero tenga en cuenta que deberá repararlas cada pocos años porque la pintura saltará cuando las condiciones climáticas sean extremas. Por otro lado, los tintes sutiles se diluyen gradualmente en el interior del material, de modo que no necesitará retocarlo. Cualquier superficie que deba repararse —como las paredes revocadas o las espalderas pintadas— no debería estar cubierta por plantas que se adhieren mediante zarcillos, como las vigorosas hiedras, o las que se enredan en otras plantas, como la poderosa *Clematis montana*.

tiempo El tiempo disponible es un aspecto a considerar, y muchas personas esperan ocuparse de sus jardines durante el fin de semana. Por ello, el jardín moderno de estilo formal plantado con compactos arbustos perennes y vivaces arquitectónicas se embellece con bulbos de primavera y anuales de verano: es una solución de fácil mantenimiento. Un seto de boj recortado también conserva un jardín limpio, incluso después de un largo período vacacional.

intimidad

Mucha gente describe su jardín como un paraíso seguro: un lugar donde poder descansar de las intrusiones de la vida diaria, donde poder relajarse. Si se deja el teléfono móvil en el interior, el jardín se convierte en una isla llena de tesoros. Es una de las expectativas más importantes de la vida contemporánea, y el moderno jardín formal, con su orden y su quieta sencillez, ayuda a conseguirlo. Los muros esconden lo que hay dentro, a menos que sean transparentes, y proporcionan un lugar recluido. Las especies perennes, recortadas como una sólida mampostería, ayudan a mitigar el ruido; el mobiliario espacioso relaja el ánimo, y la utilización de agua nos invita a la contemplación. Además, un jardín que sea tan ordenado y agradablemente sencillo como los construidos en un estilo contemporáneo formal presenta pocas exigencias.

llamada a los sentidos

En cuanto a los jardines, siempre se espera algo más que el simple hecho de que sean un lugar donde recuperarse y que funcionen de manera satisfactoria. Éste es el elemento de complacencia personal que separa el jardín moderno de los del pasado. Desde los primeros tiempos, los jardines han respondido a la necesidad de ser placenteros, de llamar inherentemente a los sentidos —así, en primer lugar, su apariencia debe resultar agradable—. Y mientras algunos jardines contemporáneos pueden resultar tranquilos, otros están llenos de vitalidad, crean lo impredecible y establecen una nota característica mediante el color, la fragancia y otras cualidades sensoriales con su extravagancia de líneas o la exploración de materiales nuevos.

Cada material utilizado en el jardín tendrá su color, tanto si se trata del color natural de la madera o de la piedra como de una tonalidad que se añade a un muro o un asiento. Los colores afectan al humor, pero puesto que éste varía, la elección del color debe resultar siempre agradable. El rojo y el naranja, por ejemplo, pueden ser adecuados en invierno, pero demasiado fuertes durante el calor del verano. De este modo, los rojos tierra, las sombras ocre, como la del óxido y terracota, son una solución más suave. El amarillo nos recuerda a la luz solar en los días grises pero, de nuevo, los ocres son una manera sutil de disfrutar de este color, mientras que los pálidos limones y los casi neutros colores paja resultan agradables en el contexto del jardín. El azul nos ofrece una enorme gama de colores fríos, sombras sofisticadas y muchos matices; el fuerte azul rey es muy popular en los jardines actuales, en especial para el mobiliario y las pérgolas, posiblemente por su asociación con la arquitectura morisca. Debido al amplio abanico de follaje verde, los verdes artificiales son difíciles de utilizar en los jardines pero, si se oscurecen hasta conseguir un verde «botella», la profundidad de su tonalidad combinará bien con las plantas.

izquierda *En este jardín, diseñado por David Hicks, el amplio sendero de césped, con setos a cada lado, conduce al visitante hacia un cenador circular. De acuerdo con la moderna formalidad, los elementos son sencillos y sin adornos, como las amplias y bajas escaleras, alineadas junto a un bajo seto recortado de boj.*

página siguiente *Un detalle del jardín de George Carter, que aparece en la página 69, muestra un estrecho y tranquilo «canal» que se dirige a una oscura hornacina con una escultura en forma de máscara. El diseño es claramente lineal, pero el ejemplar de Artemisia de color gris plata y* Stachys byzantina, *junto al dosel formado por el follaje del plátano, consiguen un suave efecto, reforzado por el brillo reflejado de la «piedra flotante» de aluminio pulido, diseñada por Georgina Miller.*

Si el color resulta muy fuerte, puede acabar por dominar el jardín, de modo que deberá considerar los neutros más suaves, como grises, beige rosa, ocres crema y marrón herrumbre. El blanco y el negro son apropiados en los jardines de estilo minimalista y ofrecen una apariencia espectacular en un espacio contemporáneo donde se usan losetas verdes y acero inoxidable. Pero no es necesario ser tan estricto: incluso una arriesgada sombra de color chocolate sería adecuada con la arenisca roja clásica de las baldosas y paredes revocadas pintadas de rosa.

El color de las flores es especial y, en el jardín moderno, los extremos que caracterizan al verano pueden ser vibrantes. Piense en el escarlata de *Crocosmia* «Lucifer», junto a *Iris* «Sable Night», de color parecido a la tinta, o una nota de color rojo vino de *Iris* «Langport Claret». Estas erectas plantas de estatura mediana tienen el follaje en forma de espada que combina bien con el diseño formal. Si necesita una sofisticada palidez, piense en *Tulipa* «White Triumphator» para animar un grupo que cambia a medida que transcurre el verano, que se puede sustituir con un repetido modelo de *Sisyrinchium striatum* en forma de abanico y espigas florales de color crema a principios de verano, seguida de *Kniphofia* «Green Jade», claramente vertical, o *Veronicastrum virginicum*, más alta y rosada a finales de verano.

La fragancia aparece en otro nivel de percepción, sin necesidad de añadir ningún detalle visual a las sencillas líneas del diseño moderno de estilo formal. Los aromas de invierno, como los de la compacta perenne *Sarcococca humilis*, una útil planta para dar sombra, resultan adorables en un día templado. Gran parte de las magníficas magnolias son ricamente aromáticas en primavera, y cuando llega el verano hallamos numerosas flores, desde lavandas a lirios, que continúan llenando el patio con su fragancia. Elija las que cubran las necesidades formales del lugar, así como las expectativas esperadas para un moderno jardín aromático.

elementos reinterpretados

Nunca nos asombraremos lo suficiente del legado que nos ha dejado el pasado; de hecho, la evolución gradual se aprecia como un elemento positivo. El conservadurismo y la repetición no están bien considerados: nos referimos a reinterpretar el pasado con energía e imaginación. El diseñador de jardines inglés del siglo xx Russell Page, que gozó de un gran respeto, fue un maestro en el diseño: sus jardines en todo el mundo así lo atestiguan. En la actualidad han surgido nuevas voces que nos devuelven al pasado, que descartan lo irrelevante y añaden nuevas ideas, al tiempo que se da una visión contemporánea a los elementos tradicionales.

La moderna formalidad es menos predecible que antes: las líneas de organización resultan sorprendentes, con frecuencia simétricas y sin convencionalismos; la imaginación es a menudo evidente, y los objetos pueden no ser tan estáticos como parecen. Las pérgolas, glorietas, extensiones de terreno con césped, estanques, fuentes y compartimientos todavía son válidos hoy en día, pero se han producido nuevos giros en estos elementos tradicionales junto a referencias eclécticas al pasado. Las vivas divisiones lineales proporcionan pequeñas «habitaciones» en el jardín, mientras que la ilimitada expansión del recorte ornamental tridimensional es un elemento fundamental en el jardín contemporáneo de estilo formal. Se han aprovechado elementos de otras culturas, como ha ocurrido con los estrechos canales de agua de los jardines mogoles, que nos ofrecen finos arroyos, los doblados tilos de Francia que marcan un espacio geométrico, y la apreciación japonesa de la naturaleza expresada con exquisita economía estética.

ejes y vistas

El concepto de *allées* y avenidas implica simetría e indica el diseño esencial del jardín. Esta simetría lo dominará todo, no dejará que la vista se asiente si no es en una línea central, y necesitará conducir los elementos para adaptarlos a su particular espacio.

Introducir un espacio de jardín formal que conduzca a un sendero recto invita
a la exploración. Tradicionalmente, el eje se habría reforzado a cada lado con
la ayuda de setos bien espaciados, flanqueados por tejos recortados. En el patio
moderno no existe espacio para setos altos, pero una atrevida adaptación de esta
idea puede lograr el mismo resultado. Por ejemplo, una banda ancha central de
unidades regulares de granito pueden marcar un «sendero» directo en un pavimento
de piezas cuadradas. A cada lado de la banda de granito, hileras rectas de un bambú
pigmeo, como *Pleioblastus pygmaeus* var. *disticus*, enfatizarán la simetría, mientras
las raíces rampantes del bambú estarán limitadas por el pavimento. A ambos lados
del patio, postes de madera y alambres que corren paralelos con el sendero podrían
sostener líneas triples de *Wisteria*, con lo que se añadirían flores al principio de
verano. En el extremo más alejado, las líneas del pequeño bambú se pueden abrir
y crear un espacioso rectángulo, dibujado por un bambú más alto, que proporciona
un compartimiento donde sentarse y comer. La vista descansa en el lejano lindero,
formado ahora por una pared de bambú, y éste será un lugar perfecto para una
erguida escultura de madera entre cañas. Ilumine bien la zona de descanso (*véase*
página 58), pero asegúrese de que la luz sea más suave a medida que desciende
por el bambú, justo lo suficiente como para que sea seguro.

112

Un enfoque muy distinto sería celebrar el *espacio* de un jardín cercado por
completo mediante paredes de ladrillos de cristal con una plataforma de madera
en el suelo —unas pocas plantas que crecerían en recipientes y algún mueble serían
los únicos detalles—. Sin ningún elemento que llame la atención, el espacio en el
extremo más alejado se convertirá en el centro y, sencillamente, nos bastará con
caminar por él.

En algunos jardines de apariencia superficial, las vistas bajo la forma de
elementos distantes «prestados», como una torre de iglesia, pueden constituir la
pieza clave. En tal caso, tenga claro cuál es el foco y asegúrese de que la plantación
o los elementos a cada lado son idénticos. Cuide la vista mediante un marco bajo,
formado por una perenne *Choysia* «Aztec Pearl» debajo, o quizás unos setos más
altos de haya o podas ornamentales para enmarcar los lados.

Un jardín, de diseño propio, de dimensiones muy reducidas, es más ancho que
profundo, pero mantiene todavía una planificación geométrica, que parece añadir
profundidad. El estrecho pavimento de caliza rectangular corre paralelo a la casa y
desaparece al azar entre las zonas plantadas. A cada lado, retorcidos «contrapuntos»,
formados por recortados ejemplares de *Osmanthus delavayi*, dividen las paredes de
igual manera: dejan una zona central a ambos lados del lindero. En uno de ellos hay
un asiento, y en el otro una soberbia fuente de cobre que constituye el centro de

extremo superior *Un seto de haya en un jardín diseñado por Erik Dhont crea espacios y compartimientos mágicos.*

superior *Un moderno laberinto de tepe, que implica primitivas asociaciones místicas, sigue un diseño inspirado en laberínticos grabados de piedra primitivos.*

laberinto interrumpido

Este patio cuadrangular, de diseño circular, se ha planificado para que sea visto desde arriba. Los anillos concéntricos de boj recortado se dejan incompletos y crean una sensación intranquila de continuo movimiento. Esta moderna adaptación de un laberinto introduce una nota de confusión; así el visitante puede elegir la ruta que le conduce hacia el punto central. Pero el pavimento —un fuerte material de corte rectangular y piedra de York de diferente tamaño, colocada de manera regular— y la entrada rectangular, cercada por una pérgola, estabilizan el diseño.

El jardín pivota alrededor de un ejemplar de *Betula papyrifera* de tallo múltiple. Los arbustos, como *Clematis*, *Chaenomeles speciosa* y *Euonymus fortunei* «Silver Queen», visten las paredes, mientras una hilera de bambú (*Pleioblastus viridistriatus*) contiene el pavimento. El boj recortado proporciona un marco rotatorio, con pequeños especímenes de recorte ornamental que actúan de marcadores, o como puntos en los que detenerse. La plantación herbácea menos estructurada sigue el movimiento. Las plantas, como *Crocosmia* «Lucifer», *Sisyrinchium striatum* y *Liriope muscari*, imitan formas herbáceas y resultan efectivas en asociación con gramíneas ornamentales.

---

atención del jardín. El muro opuesto a la casa, al final del eje central, no presenta ningún rasgo característico, pero una línea de cinco delgados y altos manzanos Ballerina llenan el arriate que discurre junto a él, con la cobertora *Waldsteinia ternata* debajo. El espacio central es lo bastante ancho como para que puedan comer seis personas en él. Éste es el nuevo concepto de simetría tradicional.

un lugar para el descanso

La idea de que los jardines son para que la gente viva en ellos ha sido rescatada de los tiempos clásicos y romanos. En el pasado había siempre un lugar para el reposo, tanto de las personas como de los caballos. Por este motivo, los asientos se colocaban en un lugar en el que se pudiese contemplar la vista y, con frecuencia, era necesario disponer de un compartimiento en las partes expuestas del jardín. Durante el siglo XIX, tomar el té en la terraza pasó a ser una rutina.

terraza Tradicionalmente, una terraza muy delimitada por una balaustrada separaba la casa del jardín, pero en el jardín moderno ésta se suele considerar ostentosa y divisoria. Dichos límites ornamentales no son importantes porque, aunque formal, el jardín moderno refleja unidad. De modo que nada sustituye a la balaustrada. En su lugar podemos ocultar los márgenes pavimentados mediante plantas que suavizan los elementos duros del jardín y lo unen a éste. En algunos casos, esto incluso puede significar colocar plantas recortadas formalmente, erguidas en el pavimento, como puede observarse en el jardín de la página 126.

Las zonas pavimentadas ya no existen sólo para combinar bien con la casa, sino que, además, deben responder a las necesidades de los usuarios. En consecuencia, el pavimento no necesariamente es adyacente a la casa, sino que puede estar alejado en un extremo del jardín. Incluso si está cerca de la casa, podría no ser paralelo a ella sino estar en un ángulo hacia la luz solar, por ejemplo, a 45°. La conveniencia del usuario es más importante que la dignidad del edificio. Muchos diseños modernos utilizan la diagonal porque maximiza el espacio y convierte en interesantes las zonas del jardín que no son simétricas, pero que presentan una geometría subyacente claramente formal. La dinámica del jardín ya no mira al frente, a 90° de la casa, sino que conduce a los laterales, como se ha señalado en el capítulo anterior.

En la ciudad, la terraza ha dado lugar al patio, más pequeño. Muchos jardines modernos están cercados con patios interiores. Pueden tener grava para plantas que prefieren sol, pero dispondrán de una zona del pavimento para asientos y una mesa. Las plataformas son ideales para zonas cálidas, y los falsos niveles de no más de 7-10 cm se colocan fácilmente a fin de añadir una nota de interés. En las plataformas, la formalidad resulta siempre inherente ya que se trata de un medio lineal.

asientos Hoy es impensable que los asientos no sean una prioridad en las preocupaciones del propietario del jardín. Bien sean temporales o permanentes, éstos son ideados desde el principio como parte de la formalidad.

El jardín «hecho a medida» es una idea totalmente moderna que, cuando el espacio es realmente limitado, permite al propietario tener un asiento incorporado al edificio, artesas elevadas con plantas y un pequeño elemento de agua, con espacio debajo para almacenar las herramientas del jardín. Incluso la mesa puede formar parte de las unidades hechas a medida (*véase* fotografía de página 43). La madera de máximo

El hecho de sentarse es siempre más agradable cuando se hace contra un límite. En este jardín, diseñado por Bonita Bulaitis, los grandes paneles de vidrio prensado unidos por resina de color azul crean un fondo semejante a un abanico para el moldeado banco de madera sostenido sobre patas de acero. Las suaves texturas de las plantas adyacentes fluyen en una superficie llena de grava de color rosado, cuyas líneas pintadas de azul se hacen eco de los paneles de cristal.

En este caso, los «elementos tradicionales» de un jardín formal (pérgola, espaldera y obeliscos) son de metal y tela de alambre. Su apariencia es deliberadamente rígida, sin plantas que suavicen y oculten la estructura. Pero las lavandas, las hierbas aromáticas y las gramíneas, llenas de flores, añaden al jardín suaves texturas a ras de suelo.

rendimiento constituye una versión económica, pero si busca una apariencia de aspecto elegante, podría revestir un marco de hormigón con caliza sellada, notablemente más cara.

Aunque sea funcional, el asiento debería desempeñar también un papel estético. Ello podría significar disponer de una pieza ingeniosa a modo de escultura-asiento. Se trata tan sólo de construir un banco y una mesa, con la sencillez propia de los Shaker, como parte de las líneas del diseño. Podríamos disponer de algunas piezas individuales que pudiesen trasladarse de un lugar a otro, al igual que la gente, para añadir sutileza y estilo dondequiera que vayan. O puede que su diseño tenga el suficiente carácter como para proporcionar un punto de atención escultural al jardín.

inferior *Julia Brett diseñó este compacto patio para albergar una escultura de Simon Percival de gran altura, construida con acero esmerilado. Se ha colocado en el centro, en un hundido «pozo» del patio, donde puede observarse desde las tres plantas de la casa.*

cenadores Estas zonas cerradas para el descanso nos protegen del sol, el viento o la lluvia y, en el pasado, eran muy ingeniosas. Actualmente, el término «cenador» se aplica a estructuras de madera circulares u octogonales (*véase* fotografía de página 110), a menudo cubiertas con espalderas y suavizadas por especies trepadoras; a uniformes construcciones de madera pintadas con una pared transparente; a construcciones de cristal y hormigón con puertas correderas, y a «casas de vidrio» edificadas con policarbonato, a veces sobre una placa giratoria para seguir el movimiento del sol. Muchos de estos cenadores disponen de espacio suficiente para el almacenamiento en la parte trasera, en línea con la ética moderna de funcionalidad unida al diseño. Ninguna de estas construcciones es rústica, sino que se han diseñado con una forma geométrica y sin una decoración superflua. Con un toque más suave, han vuelto a aparecer los enrejados, procedentes del pasado. Pero ahora no incorporan tanta fantasía, ni arabescos remates de encaje, y son más fuertes, hechos de alambre ondulado que rodean un marco de metal.

pérgolas, arcadas y glorietas

Originalmente las glorietas daban sombra a los asientos con plantas moldeadas sobre ellas. Se ocultaban de manera parcial, envueltas a cada lado por un marco de madera cubierto por vid que continuaba por encima, para asegurar la intimidad y ofrecer protección tanto frente al sol del mediodía como a los fuertes vientos. Las glorietas se extendieron de tal forma que a finales del siglo XV consistían en largos túneles también recubiertos por retorcidas especies, o por aquellas que se guiaban de determinada manera. Éstas acostumbraban a seguir el perímetro del jardín, a modo de claustro, y ofrecían vistas al agradable jardín central cuando el visitante caminaba por el lugar. Posteriormente, estos sombríos túneles dieron lugar a pérgolas de luz moteada que son las que hoy conocemos.

Actualmente, el papel de la pérgola como umbráculo resulta todavía más evidente. Caminar por un jardín con vistas a cada lado nos remite a una simétrica aproximación del diseño pero, si la pérgola discurre sólo en un lado del jardín, un seto de perennes, a modo de lindero, puede forzar la atención hacia el otro lado. En este caso, los postes, con el fin de que la escena no quede oscura, deberían cubrirse con pocas plantas. Aunque los caminos con pérgolas requieren intimidad, deberían ser anchos y lo bastante altos para ofrecer comodidad. De este modo, una pérgola realmente alta (2,5 m de altura) permitirá que cuelguen racimos trepadores de flores de *Wisteria* y, con una amplitud similar, podrá cultivar una línea de pequeñas plantas a lo largo del sendero, como *Heuchera* «Red Spangles» o crocos de primavera, seguidos de altos y delgados ejemplares de *Allium*.

superior **Esta enorme escultura monolítica de Jack Lenor Larson, formada por el compacto granito y las estructuras de metal que minimizan el espacio situado debajo, enfatiza la escala del lago y el bosque situados detrás.**

página anterior, inferior **En un elegante jardín suburbano, una pérgola cuadrada, formada por pesadas vigas de madera, se sostiene mediante columnas clásicas, sin necesidad de plantas trepadoras.**

Las arcadas son elementos independientes, pero pueden emplearse para unir determinadas estructuras, como muros y vallas, y continuar las líneas del diseño al tiempo que se permite el acceso a través de ellas. También se utilizan para atraer la atención hacia zonas compartimentadas, donde acaba una zona y empieza otra, como la transición desde el jardín de flores a la zona de asientos. Hoy en día, las arcadas pueden tratarse como una interesante escultura, espaciadas a intervalos o solas, con frecuencia grandes y, usualmente, sin plantas. Enmarcarán una vista o actuarán sólo como un punto focal. Los recientes avances producidos en el jardín moderno utilizan las vigas elevadas como un refuerzo estructural del diseño. Estas vigas independientes nos conducen hacia el jardín, confirman la geometría formal y definen los espacios situados debajo, mientras añaden un elemento tridimensional a la geometría de aquél. No siempre tienen que estar recubiertas de plantas.

La niebla artificial se extiende por el suelo, como si se tratara de las primeras horas de una mañana de invierno, en este sensacional jardín de Chaumont sur Loire, Francia. Las espalderas en forma de rombos entrelazados forman compartimientos parecidos a las capillas laterales de una catedral.

Con frecuencia, las pérgolas estaban, y todavía están, construidas por una serie de aros de hierro, de modo que los arcos se curvaban en la parte superior; también estaban formadas por maderos con traviesas planas y vigas sostenidas mediante postes de madera o pilares de ladrillos. En el moderno jardín de estilo formal aún se utiliza la madera, pero nunca es rústica. Los postes no están elaboradamente trabajados, no existen remates adornados y las traviesas presentan un acabado plano, más que curvado. Los pilares clásicos, tan apreciados en la época victoriana, ya no se emplean, a menos que exista una deliberada e ingeniosa intención. En algunas ocasiones, los postes erguidos de madera se sustituyen por postes tubulares de acero, o también puede suceder que postes de hormigón sostengan a los pilares originales de ladrillo. La pinturas o las tinturas consiguen suavizar la apariencia.

El acero, el aluminio y las cañas de bambú son materiales nuevos, adecuados para las pérgolas redondeadas o planas, con un andamiaje económico y material reciclado, una alternativa cada vez más popular. La protección que suponen las estructuras elevadas comporta el uso de elementos adicionales, soportados por vigas cruzadas. El vidrio reforzado o los paneles de policarbonato transparentes protegen de la lluvia, y los toldos, de la luz intensa y el calor. Si posee la suficiente paciencia, opte por túneles «naturales» formados por entretejidos ejemplares de *Laburnum*, carpes o tilos, que se combinan bien, en columnas, a cada lado de un sendero, una vez guiados a partir de tallos limpios hasta que forman un arqueado túnel.

agua

Cada período de la historia de los jardines ha integrado el agua de alguna forma, y ésta también adquiere su importancia en el jardín moderno, donde casi siempre se concibe como un elemento artístico, más que como un componente del paisaje. Las ideas del pasado aún son populares, aunque a otra escala. Las famosas fuentes de Villa d'Este se movían gracias a la gravedad, pero los equivalentes actuales, más pequeños, dependen de la potencia de bombas eléctricas. Antiguamente, el agua discurría sobre mármol o entre rocas, mientras que las alternativas modernas son de cobre con un acabado de verdigris, pizarra, acero inoxidable o cristal. Lo más usual es que las grandes cascadas no broten en caída libre, sino que en su lugar goteen gentilmente desde una superficie escalonada y fluyan hacia otra. Ahora, más que constituir el eje central, los arroyos fluyen alrededor del jardín.

El agua puede hacer cosas extraordinarias. Estamos familiarizados con fuentes, surtidores, cascadas, canales y arroyos, cuyas adaptaciones modernas se describen en el capítulo sobre el jardín de estilo minimalista (*véase* página 141), pero también existen ideas nuevas que parten de una tecnología que ha causado impacto en los jardines modernos. Una de ellas consiste en crear un elemento de sorpresa en un diseño organizado formalmente, de modo que la niebla aparece de pronto y flota por la zona. Esto implica la utilización de nitrógeno líquido mezclado con aire para vaporizar que, tras pasar por una tubería, se rocía en la zona elegida del jardín. Depende de un moderno temporizador, que consigue que la niebla aparezca y desaparezca a intervalos predeterminados. A veces se usa un sistema de refrigeración que mantiene la niebla cerca del suelo.

escultura

Con frecuencia, los elementos funcionales elegidos para un jardín, ya sea una construcción con agua o una pieza de mobiliario, resultan tan interesantes y bien formados que atraen la atención inmediatamente, en cuyo caso cualquier otra escultura sería superflua. Pero las esculturas han constituido un elemento del jardín desde los tiempos romanos y, actualmente, desempeñan un papel cada vez más popular, al proporcionar un punto de mira y añadir una nota distintiva y personal al jardín.

Al seleccionar una pieza hay que tener en cuenta muchas cosas: para completar la formalidad del estilo moderno deberá tomar decisiones sobre el tamaño de la

121

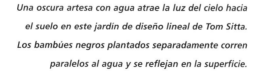
Una oscura artesa con agua atrae la luz del cielo hacia el suelo en este jardín de diseño lineal de Tom Sitta. Los bambúes negros plantados separadamente corren paralelos al agua y se reflejan en la superficie.

*A modo de reminiscencia de los antiguos parterres, se
han colocado hierbas, como cebollinos y rábanos picantes
variegados, en el centro de una plantación enmarcada
por un boj limitado por el pavimento de hormigón.*

escultura, tanto si ésta es espectacular o más bien discreta, y sobre si prefiere una obra figurativa o abstracta. Esta última opción abre un vasto abanico de materiales, desde la pizarra al cristal, hasta plásticos y metales, fibra de vidrio y madera.

El moderno jardín de estilo formal no es el lugar idóneo para una clásica diosa de tamaño medio, a menos que se tenga la intención de divertir. Existen algunas atractivas figuras que establecerán su agradable presencia en el jardín durante todo el año, pero deberán mantenerse a escala con el espacio y expresar el ambiente de aquél. Con frecuencia, en el pasado, se disponía de una plataforma alta, deliberadamente impresionante, que mantenía una distancia entre el observador y la pieza. Hoy en día, se prefiere que ésta sea más accesible y se coloca en el suelo.

La situación de los asientos es muy importante. Desde donde están, la pieza se podrá ver bien o estará escondida. Ésta puede ser muy grande, en cuyo caso no

se verá nada más, o podemos optar por pequeñas piezas unidas, colocadas como un detalle sutil, que «aparezcan» de manera misteriosa en un rincón o cerca de una zona de descanso. Otra alternativa consiste en proporcionar el esqueleto perfecto, como un panel de cristal luminoso, laminado y hueco, para definir la silueta, o un templete recortado en una rígida *Pyracantha,* a modo de escultura catedralicia.

Si la estructura va a verse desde todos los ángulos, deberá estar suelta y no colocada al final de una vista. Recuerde que determinadas esculturas pueden resultar estáticas y tranquilas, mientras que otras serán inquietantes y agitadoras, en cuyo caso un tallo de bambú de color oxidado o un muro con viñas de aspecto ondulante, como *Parthenocissus henryana,* crean un diseño adecuado.

Si busca un trabajo profesional, los monolitos de roca o de madera son bastante sencillos, pero muy efectivos como esculturas para los jardines modernos. Otra opción son los objetos orgánicos que pueda encontrar, como se describe en la página 56, o piezas industriales recicladas que suavizan el diseño y forman una cobertura de terciopelo de rojo óxido. Una adecuada iluminación reforzará tanto los asientos como las siluetas, y tenga en cuenta que la escultura a menudo se relaciona íntimamente con el agua como parte de las características globales (*véase* fotografía de página 131).

estructuras recortadas

Los setos siempre han servido para definir zonas: pequeños o altos, son más suaves que los muros. Los setos bajos se cultivaban para crear pequeñas particiones, como parterres y laberintos, pero poco a poco su popularidad disminuyó cuando la naturaleza empezó a desempeñar un papel más importante que el diseño, como en el siglo XVIII, en tiempos de Capability Brown. Entonces se produjo una renovación, lo que se sumó al hecho de que la generación siguiente prestó mayor interés a un pasado menos reciente, y los jardines de estilo formal adquirieron de nuevo su importancia. Hoy en día, la poda ornamental está de moda en parte porque, siempre que las plantas sean perennes, un seto presenta la misma apariencia durante todo el año y, además, debido a que este tipo de jardinería es más «obediente».

setos Los setos constituían un medio clásico para delimitar, y rápidamente, desde sus orígenes rurales, el seto de estilo formal se convirtió en una norma para los jardines. Su función todavía era importante, pero pronto el diseño tomó el relevo. Los setos recortados, como los que se describen en la Parte 1 (*véase* página 64), se utilizan mucho en el jardín moderno, al definir la geometría con precisión tridimensional. En el jardín contemporáneo, nadie emplea mejor los setos para experimentar con el espacio formal que el diseñador belga Jacques Wirtz, cuyos tranquilos jardines verdes unen la casa con la zona pavimentada, en total armonía con el cercado y espectacular follaje. Actualmente los setos pueden conformar meandros en orgánicas curvas, converger en el punto donde se sitúa una escultura o estar plantados a modo de «cortinas», que forman una «pantalla» al mismo tiempo que revelan las vistas. Las aberturas perforadas en estas divisiones del jardín adquieren una nota despectacular gracias al juego de luces y sombras.

parterres Situados a ras de suelo, los parterres se plantaban como acabado de arriates con herbáceas o flores. Originalmente los diseños eran sencillos, en su mayoría líneas rectas, pero pronto se puso de moda un jardín más «complicado», con volutas y modelos entrelazados en forma de cinta. Éste era descrito como «parterre de *broderie*» que mostraba el concepto subyacente —bordados modelos planos—. El nuevo interés por los parterres parte de nuestra percepción del jardín como un espacio con un determinado ambiente en el que poder caminar y apreciar que el jardín siempre parezca estar bien cuidado.

Los jardines y parterres elaborados ya no se utilizan para un modelo bidimensional, sino que forman parte de la estructura del jardín o actúan al igual que una escultura viviente. Aún pueden ser bajos, pero ahora se han convertido en una serie de divisiones, cada una de ellas con una sensación de espacio tan importante como el seto en sí mismo. Esto es evidente sobre todo por la noche, cuando el parterre moderno se refuerza con la iluminación del jardín y revela los espacios abiertos, las zonas sombrías y la masa de sólidas formas que encierran.

Para construir un parterre, planifique un diseño muy sencillo y decida si quiere curvas fluidas y zonas abiertas, o prefiere encajonados espacios geométricos. No es necesario llenar siempre todos los espacios con plantas. Pavimente algunas zonas para sentarse y, en otras, coloque esculturas, mientras que muchas pueden dejarse agradablemente vacías. El jardín dispondrá de su propio ambiente en todas las estaciones —helado, frescamente verde o sombrío bajo la oscuridad—. El perenne boj se empleaba en el pasado sobre todo para los parterres y, en ocasiones,

Con la temprana luz matinal, las esculturas con un marco de metal situadas contra una casa cubierta de madera «gotean» con plantas enredadas. Debajo, especímenes paralelos de boj enano plantados en líneas orgánicamente ondulantes.

bello sino, además, un lugar que nos llegue al espíritu y con un determinado ambiente.

Algunos laberintos son planos y están constituidos por herbáceas, como en el pasado, mientras que otros son sólo un modelo de empedrado sobre el suelo. Sea cual sea la intención, se ajustan a la sencillez y a la claridad del moderno jardín, marcadamente organizado, y deben planificarse con cuidado sobre el papel. Es más fácil lograrlo si se sigue una geometría que incluya líneas rectas, fragmentos de círculos, tramoyas, puntos muertos y, por fin, un «núcleo», que no necesariamente debe ser central. Lo importante es la sensación de desafío en busca de la meta.

poda ornamental Si los arbustos y las herbáceas pueden manipularse en nombre del arte, entonces la poda ornamental es la última escultura viviente del jardín. La misma artesanía aprendida en los jardines antiguos vuelve a surgir ahora por varias razones. Una es que, como el Everest, la poda ornamental está siempre ahí, y los jardines modernos, convertidos en habitaciones externas, no son sólo para el verano. Otra es la constatación práctica de que, una vez obtenido, el espécimen sometido a poda ornamental es fácil de mantener. Pero también es un hecho que la misma calidad se aplica tanto a la poda ornamental como a numerosas manifestaciones de los jardines modernos, que nos devuelven la sensación del lugar, tan apreciado por William Kent.

La nota divertida de los pavos reales, gallinas e incluso osos ya ha pasado, y los jardineros actuales buscan algo más sofisticado. Las sencillas formas geométricas como cubos, conos, cuñas y esferas tienen una presencia estática en el jardín y le dan un aire misterioso. Hace poco han aparecido formas puramente abstractas, basadas en un paisajismo ondulado o amontonadas rocas, que están relacionadas con el *land art*, un tipo de paisajismo contemporáneo. Esto hace referencia a la modelación del suelo a una escala de un monumento del neolítico para crear un arte nuevo de paisajismo, como se hacía en Norteamérica y en el famoso Garden of Cosmic Speculation (Jardín de Especulación Cósmica) de Escocia, ideado por Charles Jencks y Maggie Keswick.

Las «esculturas» recortadas ornamentalmente parecen no tener edad y pueden diseñarse con facilidad y sin grandes costes. Puesto que se desarrollan desde el suelo, deberá tener un diseño claro en su mente, lo que resulta esencial si el jardín va a poseer un pavimento duro. Se puede considerar la grava como una buena base, pero no así el césped, que necesita estar segado. Para los arbustos que precisan por sí solos un recorte, consulte la Parte 1 (*véase* página 64). Como si se tratara de una escultura, colóquelos simétricamente flanqueando un sendero o de modo que

la lavanda de hojas grises o la santolina. Ahora podemos obtener un cercado caduco con plantas de crecimiento lento, como la armeria (*Armeria maritima*), *Allium schoenoprasum* o *Liriope muscari*.

laberintos El laberinto tiene una nueva vida. Su misterio parece llevarnos a los tiempos anteriores a la existencia de registros escritos. Posiblemente, con los viejos laberintos inscritos en las rocas se intentaban representar los misterios de la vida espiritual, que hoy nos continúan fascinando, porque esos mismos misterios siguen con nosotros. A partir de pequeños esbozos se desarrollaron grandes laberintos, y durante la Edad Media, éstos adoptaron la forma de laberintos de herbáceas, cortadas a ras de suelo, que consistían en sencillas rutas que rodeaban un objeto central de deseo. Con probabilidad procesionales en sus orígenes, los laberintos se convirtieron en simples «rompecabezas» ornamentales que definían fuertes uniones visuales con complicados parterres. En ocasiones se añadía un elemento tridimensional al encanto, ya que los setos altos despistaban de modo efectivo al visitante. Los laberintos son un gran elemento característico de los jardines de toda Europa, y persisten, en la actualidad, como una fuente de entretenimiento. El interés actual por los laberintos parece ser menos decorativo y haber aumentado porque resultan ambiguos y añaden un aire de misterio al jardín. Y pese a lo formal que puede resultar un jardín moderno, es deseable que no sólo sea un elemento

página anterior *La simetría casi define, aunque no totalmente, este caprichoso jardín con pequeños elementos podados ornamentalmente. De inspiración tradicional pero totalmente moderno, en el «cruce» central encontramos una pirámide frente a un cubo, cuya parte superior forma una cúpula en una confrontación dinámica, como en un juego de ajedrez.*

inferior *El* **patte d´oie** *era una forma popular de iluminar senderos en la Francia del siglo* XVII. *En este caso, se ha trasladado la idea a pequeña escala en un diseño de Marc Schoellen, cuyos suaves setos de haya conducen hacia una pradera.*

constituyan un claro punto de atención, como el asimétrico recorte «en forma de nube» (*veáse* página 68). Otra opción es realizar una poda decorativa en macetas y trasladarla de lugar, pero deberá usar algún sistema que facilite la tarea. Podría llenar un patio con un grupo de pequeñas figuras de recorte ornamental en forma geométrica, por ejemplo, pirámides y conos, y dejar sólo vacía la zona de descanso. Un diseño claro como éste no necesitará de más plantas, aparte del verde de los linderos.

conceptos

Uno de los aspectos más destacados del progreso del siglo XX es el florecimiento de la personalidad y diversidad de los artistas, por lo que no hay dos jardines modernos iguales. Un enfoque formal todavía implica orden y unidad, pero no debería oprimir

jardín fluido

Esta zona íntima de un gran jardín campestre, entre la casa y el río, se ha diseñado como un lugar especial con la intención de establecer un vínculo entre ambas partes. El autor, junto a Barbara Hunt, planificó el espacioso trayecto de la terraza, rematado con un boj de desarrollo ancho y bajo, para unirlo con el flujo de la plantación. Las mismas curvas lentas siguen a las entretejidas hileras de ladrillos planos y la suave santolina y variedades de lavanda, además de pequeñas vivaces, como las azucenas de día (*Hemerocallis*). Junto a los fluidos senderos emergen anuales, estacionalmente efectivas, como algunos tulipanes, a través de sus especies coloreadas de floración estival y las herbáceas de final de estación. Las geométricas formas de los tejos recortados, característicos de la localidad, se iluminan desde la casa, para delimitar y también conducir al visitante hacia la gran zona de césped. La luz penetra a través de las hendiduras y se mueve con lentitud durante el día entre las plantas.

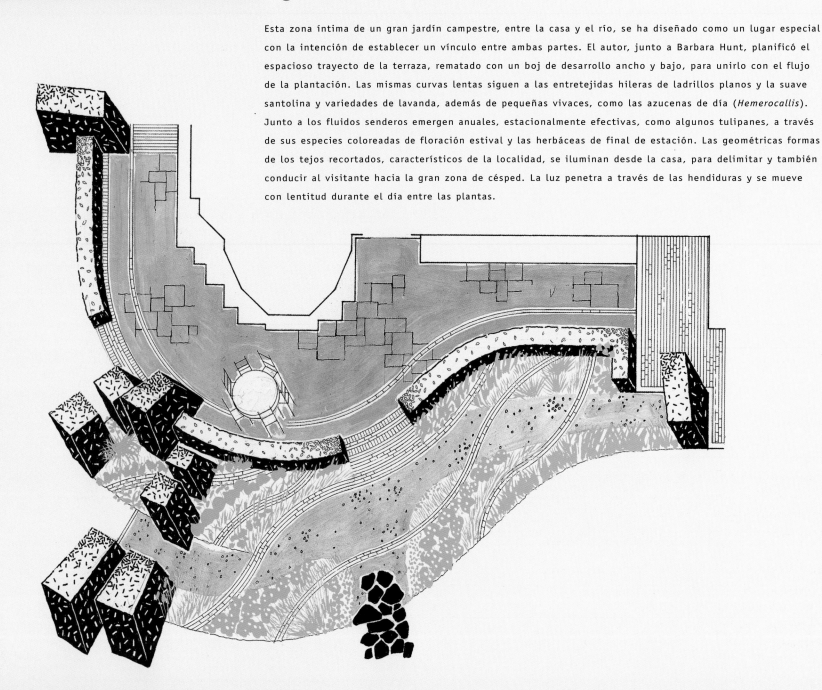

extremo superior *El límite de grava y el pavimento irregular siguen el diseño «fluido» junto a una senda plana de ladrillos que cruza el camino. Las esculturas de cerámica de Veronique Maria, al lado de pequeños ejemplares de Stipa y dobles de Helianthemum de color rojo, marcan una zona de transición.*

superior *El detalle muestra las texturas y la forma de las plantas seleccionadas. La santolina y la lavanda establecen una forma permanente, mientras que entre el relleno con plantas que varían estacionalmente podemos incluir Knautia macedonica, Stipa gigantea, Sedum spectabile y las altas esferas de Allium.*

el talento individual. La creencia de que los grandes jardines necesitan un cierto ambiente aún se mantiene para el jardín moderno, y en los nuevos diseños formales basados en un concepto, el ambiente que emana del lugar se une al orden de la geometría reinventada, desvelando la unicidad del terreno y dando vida al jardín. En la práctica esto significa que las divisiones espaciales y las plantas elegidas funcionan mejor cuando existe un claro concepto de diseño. Un jardín bien planificado puede consistir simplemente en aprovechar el clima y las condiciones, y no aceptar nada que proceda de otro lugar. El jardín boscoso inglés puede ser la fuente de inspiración, por ejemplo. Bajas capas de helechos, eléboros y euforbias florecen en una sombra moteada debajo de la copa de un árbol. En medio de esto, puede haber un encantador cuadrado abierto, un claro herbáceo con plantas como campanillas azules inglesas, geranios, prímulas y violetas. En un jardín doméstico, el diseño puede resultar formal, con pequeños árboles plantados en una doble hilera que rodea completamente una abertura central cuadrada, el «claro». Sólidos listones de madera podrían definir los márgenes y doblarse para formar bancos donde sentarse, con una mesa fija en un rincón. Las mismas tablas, colocadas planas, proporcionarán un sendero de acceso desde la casa al cuadrado central, y los márgenes conducirán hacia la plantación.

125

Las ideas surgen también desde el respeto al ambiente de un lugar y su entorno, como en un jardín con especies xerosas, pensado para la conservación del agua en un clima árido. Un jardín en California, diseñado por Isabelle Greene, capta la esencia de una ladera cálida y seca, una serie de terrazas de hormigón, inspiradas en los arrozales, lo que impone una destacada estructura al jardín (*véanse* fotografías de páginas 72 y 127). Se llena de manera encantadora con plantas que resisten condiciones secas, con una gran textura y colorido, como el tamarisco, *Aloe* y agaves que retienen el agua, además de espigadas yucas. Los espacios y líneas del jardín son tan afiladamente irregulares como el terreno y se adaptan bien a la marcada modernidad de la casa.

En el jardín campestre que ideé junto a Barbara Hunt (*véase* también página 124), el diseño parte de un lento flujo de agua clara que sale de una zona adyacente cultivada con berros; el nivel del agua es constante cuando circula a través del jardín grande. Sin olvidar la unicidad del lugar, diseñamos un «jardín fluido» de ondulantes senderos con grava fina y una doble columna de ladrillos regulares, y encaminamos sus pasos entre la plantación serpenteante. La plantación, en anchas curvas orgánicas, se hace eco de las lentas corrientes de agua.

La historia es la fuente de los jardines conceptuales ideados por el diseñador inglés George Carter (*véanse* fotografías de páginas 69, 104 y 111). Nos retrotraen

interpretación: *tradicional e innovador*

La curva que conforma esta terraza se ha ribeteado con un boj ancho y de baja estatura desde el cual grupos de plantas se hacen eco del concepto de agua fluida. Los ejemplares de santolina, artemisia y lavanda, interceptados con azucenas de día, gramíneas ornamentales y Heuchera «Green Ivory», fluyen a través del sendero, apreciable a la izquierda de la imagen. Contrafuertes de tejo se recortarán en geométricas formas cuneiformes cuando sean maduros.

al tiempo anterior al gran movimiento paisajista del siglo XVIII, cuando la formalidad imperaba y los jardines eran lugares de «autocontrol», adornados con esculturas y asientos. Sus jardines, claramente estructurados, con frecuencia utilizan la simetría, cruzada por otras líneas axiales que conducen a nichos, cada uno con una escultura, o a aberturas que invitan al visitante hacia otras zonas. El gran concepto se adapta a espacios más reducidos: juega con la escala y se planifica de un modo decisivo y atrevido. Existe siempre un aire misterioso en sus jardines, una sensación de tiempo suspendido, algunas veces casi de melancolía, y están enriquecidos por detalles ornamentales que llenan espacios, aumentan las líneas rectas y refuerzan la sensación de compartimiento. Los motivos que pertenecen a la época dorada

del gran diseño europeo son partes intrínsecas de la unidad, y entre ellos se incluyen obeliscos, remates, esferas doradas, estatuas clásicas y cursos de agua contenida que reflejan la luz. Toda la imaginería es antigua, pero los jardines son modernos en cuanto a escala, materiales y diseño, los cuales crean un ambiente tranquilo y meditativo.

Así, la moderna formalidad también se ha convertido en un medio de expresión. En el patio urbano, más pequeño, su propia sensación del lugar puede estar configurada mediante un cerco totalmente verde en un ambiente urbano, donde sólo las texturas animan la escena. Las líneas del diseño pueden establecerse con la ayuda de diferentes niveles de setos recortados y muros ocultos por ejemplares de *Pyracantha* limpiamente podados. Las herbáceas o los asientos de manzanilla, típicos de los jardines medievales, serían buenas opciones, mientras que un cuadrado de agua plateada podría reflejar el follaje de un pequeño ejemplar arbóreo como *Sorbus cashmiriana*, un agradable árbol con un estupendo follaje semejante al de los helechos.

El humor estaba presente en los grandes jardines de estilo formal, por ejemplo, en los surtidores de agua ideados para emerger y rociar al visitante incauto, o en los órganos musicales creados a partir de la potencia natural del agua en Villa d'Este, del mismo modo que la imaginación forma parte del diseño moderno. Actualmente, otra opción es jugar con la escala para ofrecer lo inesperado (*véase* página 117). Con la ilusión y los juegos es posible obtener un jardín de un potencial ilimitado con ingeniosas adiciones a lo largo del tiempo. Piense en usar falsas perspectivas que parezcan alargar el jardín con líneas ahusadas, estrechos estanques y enormes hojas como las del resistente platanero (*Musa basjoo*); los surtidores de agua, como en el pasado, o el vapor pueden controlarse con un temporizador para que el chorro aparezca de forma repentina. Podemos construir un laberinto con canales superficiales de agua en vez de setos, de modo que pueda seguirse el sendero con obvios castigos para los tramposos. O también se puede disponer de un tranquilo estanque que refleje lo oculto de una sencilla estructura como una amplia «tabla divisoria», que revele el lado inferior para obtener profundidades ocultas. Podría ser interesante construir un gran arco de metal que constituya un buen contrafuerte para mostrar lo que puede hacer realmente *Wisteria*. La jardinería puede llegar a ser excesivamente seria.

La proximidad del mar ha inspirado la idea de este jardín de playa, de modo que se han llenado los márgenes con bandas de guijarros blancos lavados con agua de mar, intercalados con santolina y salvia púrpura recortada, protegidas ambas por un cortavientos bajo de sauce entretejido.

Las terrazas con una apariencia semejante a la de un arrozal hacen un buen uso de un terreno en pendiente. Las plantas bien elegidas crecen en este árido jardín, diseñado por Isabelle Greene (véase también página 72).

Al principio de un nuevo siglo debemos optar por elecciones realistas para nuestro jardín. Guardamos un profundo respeto por lo natural, pero la gente, con una vida ocupada, busca espacios privados en su jardín que no requieran excesivas demandas. Aquellos que disponen de poco tiempo para competir con una generosidad natural incontrolada elegirán un diseño simple y elegante. Un espacio exterior planificado sobre un diseño formal minimalista puede alcanzarse de modo relativamente fácil, y su mantenimiento resultará tan mínimo como su diseño. La idea del jardín de estilo minimalista surge de la arquitectura modernista del siglo xx. Las edificaciones geométricas de hormigón y cristal, sin adornos y de sobrias líneas, suponían la adopción de un enfoque similar para el espacio exterior. Este refinamiento no necesita ser prohibitivamente caro y, para el usuario, este estilo de jardín puede resultar muy tranquilizador.

En un edificio con muros, abierto al cielo, un monocultivo de musgo es el tema minimalista. Grupos de musgo de tono verde grisáceo se hacen visibles con la luz baja que penetra a través de las arcadas, filtrada por una hilera de bambúes.

En cualquier ámbito de diseño, el minimalismo es la perfección de la sencillez, la reducción a lo esencial, sin ornamentos ni excesos. Y el jardín de estilo minimalista es intrínsecamente formal, de modo que las líneas y los espacios son el factor dominante en la planificación. Éstos deben estar muy definidos, a fin de equilibrar la importancia de las zonas utilitarias con el resto del jardín. Un enfoque analítico como éste implica una planificación firme y la omisión de cualquier decoración que pueda distraer de la unidad global. El espacio abierto es tan importante como la línea y, en muchos sentidos, es la característica más vital de los jardines modernos. En un mundo inquieto, la ordenada claridad resulta tranquilizadora y, de hecho, tiene gran belleza, siempre que no haya nada que nos aparte de la perfección inconsútil.

Para que el espacio conforme satisfactoriamente un jardín, debe existir un centro de atención, un lugar donde descansar la vista, y que podría ser una escultura, una planta destacada o una vista detrás de los límites del jardín. Su integridad también depende del uso de materiales inmaculados, que armonicen más que contrasten, y de plantas que permanezcan casi constantes con el paso del tiempo. El control es una característica esencial, y la gestión del jardín debería poner gran atención en los detalles, para dar siempre la apariencia de una elegancia sin esfuerzo.

aspectos prácticos

Para mucha gente, el jardín de tipo minimalista es un medio de expresar la elegancia que un matemático encuentra en un agradable teorema o un músico en la delicadeza de la armonía. Ofrece un estilo simple y bello con una coherencia de función y ambiente que se adapta a la perfección al talante del nuevo siglo. Pero este refinamiento supone una rigurosa planificación, de modo que las plantas, las distintas construcciones y los materiales estén en concordancia, a semejanza de la disciplina en los equipos deportivos, en los que todos los individuos tiran adelante con un único objetivo en su mente. Este planteamiento le ayudará a resistir las compras impulsivas en un centro de jardinería que interrumpirían el equilibrio del jardín considerado como un todo.

coste

Con frecuencia, se asume que el estilo minimalista resulta caro y, de hecho, puede serlo. Por ejemplo, si elige materiales como el mármol o la caliza, el acero o el cristal, no sólo son relativamente caros sino que, además, necesitará el consejo de un profesional para su colocación. Pero con elecciones juiciosas de los materiales y una cuidadosa planificación, el minimalismo formal no estará fuera de su alcance. Como

minimalismo formal

extremo superior *La estudiada línea de tres macetas para plantas, junto a las tres sillas situadas frente al estanque, definen el diseño de esta terraza pavimentada con caliza, sin adornos.*

superior *Las volátiles sombras y un simple árbol conforman el detalle principal en este patio de geometría sencilla.*

se describe en la Parte 1 (*véase* página 22), a menudo el hormigón es una alternativa aceptable a la piedra natural y, como en el caso de la grava, su colocación no tiene un coste elevado y resulta fácil proporcionar la unidad esencial al estilo minimalista formal. Si incorpora una pequeña cantidad de algún material de precio más elevado, como bandas de pizarra o delgadas tiras de acero, la apariencia final se enriquecerá. Sin embargo, no debería economizar en las tablillas, porque el tiempo las altera: la madera de poco precio se torcerá y cambiará de color. La más fiable para las plataformas es la madera de la tuya gigante (*véase* página 28).

Los sólidos linderos que cercan el patio de este estilo deben elegirse con el mismo cuidado. Los materiales sintéticos son accesibles y pueden resultar efectivos, como los coques para bloques revocados y pintados, y las sencillas aguadas de color en la pared se convierten en el fondo perfecto para las plantas y los elementos característicos. Se puede hacer una pantalla transparente que permita el paso de luz y asegure al mismo tiempo reclusión mediante paneles de acero inoxidable de precio elevado; pero las piezas anchas de madera colocadas verticalmente, al igual que una ventana veneciana, o paneles de policarbonato en un marco de madera, son más asequibles y asimismo adecuados para la formalidad minimalista. Tampoco es necesario que sean lujosos: los andamios son sencillos de montar y, si se reciclan y pintan, también resultan económicos.

En cuanto a las plantas para un jardín de estilo minimalista, en general necesitará tiempo para que éstas tengan una apariencia madura. Los setos recortados, sobre todo de boj y tejo, pueden llenar la escena de inmediato. Es posible ahorrar dinero con la compra de ejemplares pequeños y dejar que crezcan —pero entonces deberá esperar a que su jardín adquiera el ambiente de permanencia que caracteriza a la formalidad minimalista—. Lo mismo sucede con las plantas: merece la pena elegir una gran *Dicksonia* o un palmito para establecer el foco de atención durante el primer año. El consuelo reside en que este estilo de jardín necesita pocas plantas.

mantenimiento

Uno de los objetivos principales en el momento de elegir un estilo minimalista de jardín es que no deba dedicarle demasiado tiempo —ni siquiera aunque pretenda ser original todo el año—. Planifique desde el principio un sencillo programa de mantenimiento. El lodo y las algas, y posiblemente los musgos, mancharán las piedras absorbentes, como las calizas, pero la limpieza anual a presión a manos de un profesional las restaurará. La piedra más dura, como el mármol o la pizarra, no se quedará manchada si la cepillamos con regularidad y la lavamos de manera ocasional (tenga en cuenta que cuando están húmedas resbalan). El hormigón pintado se desgastará y necesitará ser repintado, pero el hormigón tintado mantendrá su color.

La grava suelta es más difícil de mantener limpia, a menos que todas las plantas sean perennes. Una vez colocada, es imposible cepillarla, de modo que deberá recoger las hojas manualmente. Pero si está unida mediante resina, el cepillado es fácil. Volver a pintar o tintar una plataforma de madera resulta laborioso, pero la tuya gigante, que cambia su color a un gris plateado, no necesita tratamiento.

La mayoría de los muros requerirán un escaso mantenimiento regular, aparte del hormigón sin pintar, cuya pureza puede resultar afectada por depósitos o agregados, si no está sellado, lo que haría necesaria una limpieza anual. Todo lo que se adhiere

Un escultural panel de cristal embellecido por un modelo geométrico intersecciona un estanque y marca la entrada a la casa. El patio, diseñado con elegante claridad, está animado sólo por las sombras del bambú de la pared y por el agua que se desliza hacia el rebosante estanque ribeteado en bronce. Éste es un detalle del jardín, diseñado por Ron Herman, que se muestra en la página 90.

extremo izquierda La luz y la sombra son importantes en muchos jardines de estilo minimalista, como se observa aquí, donde las fuertes líneas de la pérgola forman sombras en las paredes y el suelo. La textura está presente en el modelo lineal del suelo de guijarros perfilados por bandas de hormigón.

izquierda Detrás de un sencillo asiento, la unión expansiva en la uniforme pared de hormigón de color crema conforma una fuerte línea que es parte del diseño y, en un espacio soleado, deja que el potencial de las sombras rinda al máximo.

132 a una pared de hormigón, como las plantas trepadoras, dificulta su reparación o repintado. Por este motivo, con frecuencia los linderos de un jardín minimalista se dejan desnudos, lo cual concuerda con este tipo de diseño. Si le resulta excesivamente austero, una pared de hiedra formará un suave esqueleto permanente de bajo coste, que deberá recortar, como mucho, dos veces al año.

La mayoría de perennes necesitan poca atención, de modo que las principales plantas de porte geométrico pueden ser una gran *Magnolia grandiflora* de hojas lustrosas o *Fatsia japonica*. Las plantas recortadas se mantendrán sanas siempre que siga una rutina que apuntará en su diario, por ejemplo, el tejo una vez al año (verano); el boj dos o tres veces; *Lonicera nitida* y *Ligustrum jonandrum* unas cinco veces al año. El riego es un requisito regular: si se trata de un jardín de dimensiones reducidas, puede hacerlo manualmente pero, en espacios más grandes, quizá merezca la pena colocar un sistema automático de irrigación con un programador.

materiales adecuados

En los jardines minimalistas formales, donde el espacio abierto es más importante que cualquier otra característica, los materiales del pavimento se convierten en una parte intachable del diseño. Pero en un jardín que está planificado en líneas frugales, de destacada textura o coloreadas sólo por el material del que está formado, el diseño puede resultar casi severo. Por este motivo, gran parte del éxito final depende de los materiales que elija. A menudo dictarán la forma o diseño del espacio, del mismo modo que los rollos de barro influyeron en la forma de la cerámica del neolítico.

Es importante que la unidad a ras de suelo no se vea alterada por un diseño excesivo. El pavimento, a pesar de las unidades pequeñas, queda mejor si la unión es perfecta y no se ve interrumpida por un color y textura demasiado contrastados. Las losas rectangulares deberían estar unidas lo mejor posible (*véase* página 18). Una hilera de mármol blanco, caliza o arenisca de color pálido tiene una pureza que refleja la luz, que hacen de ellos unos perfectos e inmaculados materiales para los jardines minimalistas. Sin embargo, pueden simularse mediante losas de hormigón o sustituirse por sencillas losetas de hormigón cepilladas, de destacada textura. Si utiliza pavimento de unidades pequeñas, como el empedrado de envés azul o las baldosas de barro oscuro, verá que combina perfectamente bien en un jardín de estilo minimalista, ya que unifica la zona mediante modelos repetitivos. Un suelo continuo, sin interrupción, de hormigón pintado o pulido, que desarrolla una atractiva pátina, o agregados más sofisticados unidos mediante resina, se ajustarán, asimismo, a la filosofía minimalista; el primero es considerablemente más económico que el último.

Las superficies duras, como las cubiertas de acero galvanizado o los paneles de rejilla de acero inoxidable, caracterizan el minimalismo de «alta tecnología», un estilo que utiliza materiales industriales para lograr un efecto de marcada modernidad.

En este caso, el océano constituye un centro de atención y, por tanto, un detalle natural en este expuesto jardín de azotea, diseñado por Topher Delaney. Montículos recortados de la gramínea Koeleria cristata, resistente a la sequía, crecen al margen del enorme Sedum de color gris que crece a ras de suelo; un pino de desarrollo lento, resistente a la acción del viento y plantado en un recipiente cuadrado, es un elemento destacado. La estilizada tela metálica del contorno actúa como filtro del viento y disminuye de este modo la turbulencia.

Tienen una apariencia sorprendentemente limpia y resultan prácticos cuando se opta por senderos no deslizantes y escaleras en el agua. Pero no son adecuados para un jardín expuesto al calor, y tanto su coste como su instalación resultan caros. Las baldosas hidráulicas oscuras parecen apropiadas para los metales porque también están hechos a presión. Otra opción consiste en utilizar madera, a modo de contraste.

Entre los elementos de pavimento más suaves se incluyen: plataformas de madera, herbáceas, esterillas de goma o agregados de resina, todo ello a modo de cobertura del suelo (véanse páginas 22-28). Las superficies de goma son silenciosas y se adaptan a un ambiente formal; elija los colores neutros o suaves para un efecto agradable. La madera pulida forma también una superficie suave y quieta, y las líneas de una plataforma reforzarán las del diseño general. Las herbáceas son

En este jardín de estilo minimalista, diseñado por Steve Martino, el espacio está claramente dividido por los sólidos muros de hormigón revocados, pero los pétalos de la mimosa suavizan de manera deliberada la textura del agua que discurre poco a poco, lentamente, en un estanque elevado. El flujo de agua circula a través del orificio por una cañería colocada en la oscura pared visible.

un medio perfecto para disponer de una alfombra vegetal gracias a su fácil mantenimiento: elija las gramíneas de césped más finas y siéguelas regularmente para mantener un acabado de bolera (aunque es preferible que no aparezcan las líneas segadas, que estarán fuera de control demasiado pronto).

Mezcle los materiales con cautela para obtener el atractivo estilo minimalista y evite los extremos espectaculares. El contraste de colores es demasiado fuerte para este tipo de jardín, pero dos texturas distintas pueden resultar efectivas. Suavice el hormigón con la ayuda de una doble línea de unidades de piedra de color natural con una unión de color gris claro y uniforme.

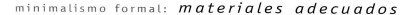

Con una forma elegante y minimalista, los ejemplares amarillos de Kniphofia crecen paralelos a las delgadas barras de acero en este balcón diseñado por Topher Delaney.

Los linderos funcionan de un modo más eficaz si son similares al suelo, pues crean una nota de continuidad y, por tanto, de armonía. El hormigón puede imitar casi cualquier textura del suelo pero, si parece demasiado pesado, los ladrillos de cristal aportarán una luminosa transparencia que aligerará la apariencia del jardín, mientras armonizan, en cuanto a textura, con la mayoría de los materiales, para evitar el contraste de colores. Iluminan y se mezclan con los muros revocados y dejan pasar la luz. Las hendiduras realizadas en un muro alto sólido tienen el mismo papel, de modo que los haces de luz crean modelos de suelo en movimiento a lo largo del día. Si busca un modelo determinado, por ejemplo con mosaico o pintura, forme un efecto «global» en el hormigón que no distraiga la atención del foco principal del jardín.

utilización de la textura

Los jardines formales de estilo minimalista no tienen por qué ser austeros por estar de acuerdo con la ética de la sencillez, y la textura es un valioso medio de crear carácter donde puede no haberlo. Como se ha descrito antes, el abanico de materiales para pavimento es más amplio que nunca (*véase página 16*), pero la limitación es la clave, así que es preferible limitar el número a dos. Las texturas gruesas son atrevidas y añaden una nota espectacular, mientras que las uniformes sugieren sofisticación, y las brillantes, lujuria.

El contraste siempre resulta emocionante; por tanto, utilice las texturas en este sentido, por ejemplo la de un círculo de unidades de granito grueso con un empedrado de arenisca lisa, o la de una grava ruidosa en combinación adecuada con una tranquila plataforma de madera. Otras ideas son incluir una cálida madera junto a una piedra fría y una inmaculada loseta con un arenoso cristal triturado. Emplee texturas que sean similares a las del lugar. El diseño puede recurrir a la sutileza de texturas como un tema reduccionista elegante, de modo que los materiales se conviertan en eficaces por sí mismos y eviten la competición y, además, enfaticen otros elementos característicos.

luz y color

La luz natural es el elemento más influyente en el diseño de jardín, y algunos de los mejores ejemplos de estilo minimalista son aquellos que permanecen bajo una luz solar brillante, debido a la latitud del país. El trabajo de Luis Barragán, uno de los paisajistas más influyentes del siglo XX, se puede apreciar en la monótona iluminación de Centroamérica. Las sombras, que se mueven con el sol, proporcionan una animación que revela la placidez de sus paredes de hormigón pintadas.

La diferencia en la calidad de la luz entre Europa septentrional y meridional es conocida históricamente. Las catedrales de Italia tienen grandes zonas de paredes llenas de frescos, con ventanas pequeñas, porque la luminosidad es intensa y el

Encarado a un dominante y elevado muro de ladrillos, que divide parcialmente
un patio, este diseño proporciona luz y calidez con paredes revocadas
de color crema y un suelo pulido de caliza del mismo color. El centro de
atención lo forma una cristalina fuente de agua que surge de una hendidura,
a modo de una boca de buzón, en el panel pintado de rojo situado frente
al arqueado templete de pared. La perenne plantación de hiedra, boj
recortado y Prunus laurocerasus «Otto Luyken» tolera la sombra.

verano calienta sin descanso; por su parte, en las grandes catedrales del norte de Europa, con sus niveles de luz más bajos, las ventanas iluminadas se convierten en el arte dominante. Dado que la luz no es tan intensa en la latitud septentrional, es necesario aprovechar cualquier oportunidad para explotarla, mediante paredes perforadas, espalderas de madera abiertas, paneles de acero y ladrillos de cristal.

El color es siempre bienvenido, aunque en los jardines minimalistas es preferible que no sea ni excesivo ni demasiado suave. En lugar de tonos neutros, son ideales los tonos oscuros o el simple negro o el blanco. La madera natural, sin pintar, la arenisca sedimentaria y el hormigón sellado son materiales de pavimento neutros con un color discreto, no simplemente monocromo, sino con gradaciones que varían de acuerdo con el material. La roca metamórfica más dura, como el mármol o la pizarra, puede presentar vetas que contrastan con el color del mineral. Las formas más sencillas se adaptan mejor a la moderna formalidad. La filosofía del «blanco-sobre-blanco» resulta adecuada con el verde como única interrupción en forma de follaje: estos primitivos espacios necesitan una guía rigurosa y regular.

En términos de plantas, los grises perennes, como los del ensiforme *Phormium tenax* o la marrón gramínea ornamental *Carex buchananii*, junto con *Iris germanica*, de color caoba, poseen colores neutros que encajarán bien en el jardín minimalista. Puede elegir las plantas para dar una nota espectacular en blanco y negro, como en el caso de los lirios blancos que emergen de un mar de hojas negras, procedente de *Ophiopogon planiscapus* «Nigrescens», en una maceta de metal galvanizado.

El color aplicado en forma de pinturas o tintes puede utilizarse de manera económica tanto sobre madera como hormigón. A menos que el tinte sea transparente, el material base puede ser menos importante en el jardín que su color. Los colores tierra de los tiempos romanos, como el ocre, son en general aceptables porque se relacionan con los colores naturales de las plantas y, al surgir con tanta suavidad, son bienvenidos en todos los climas. Sin embargo, los colores saturados más fuertes pueden convertirse en un elemento difícil para un jardín minimalista, donde su brillo se une a la inolvidable luz solar, para hacer tanto de la decoración como de la plantación un detalle superfluo. La luz y las sombras predominan sobre un color intenso, que se altera durante el día, de modo que poco más es necesario. En la luz más azul de los países septentrionales, el color fuerte necesitará un delicado tratamiento, pero puede revitalizar un patio en un día gris de invierno.

el centro de atención

Ningún diseño de jardín debería ser tan complicado como para que la vista se sintiera insegura y no pudiese descansar, y en el caso de un jardín minimalista, en particular,

extremo superior *Una casa construida de forma tradicional se ha transformado mediante un diseño minimalista. Un «claustro» con cristaleras mira hacia el elegante patio interno de estilo simple creado por el arquitecto Seth Stein. Ni la plantación ni el ornamento distraen su sofisticada geometría.*

superior *Las cactáceas a modo de centinelas constituyen el centro de atención de un compartimiento formado por las paredes de hormigón pintadas de color naranja, diseñado por Marta Schwartz. Las aberturas cuadradas dejan pasar la luz.*

inspirada simetría

Las dimensiones de este jardín urbano de diseño minimalista, planificado sobre principios simétricos, son reducidas, aunque son suficientes para albergara seis personas en una comida estival al aire libre. A causa de su limitado tamaño y los escasos detalles, el espacio presenta una línea sencilla, donde todo mantiene el equilibrio, y el mantenimiento de la plantación resulta fácil.

El pavimento está formado por delgadas losetas de caliza pálida, colocadas en paralelo con la casa, con uniones argamasadas que forman parte del diseño. Cuatro altos tejos recortados a modo de contrapunto, dos a cada lado de las paredes, refuerzan la simetría del jardín y definen los espacios para los asientos permanentes y la fuente.

La fuente de cobre, diseñada por Barbara Hunt, deja caer agua desde recipientes triangulares hasta un estanque de captación situado debajo. Este punto de atención se ha colocado de manera deliberada en el centro de la pared: situado centralmente en la pared opuesta de la casa habría disminuido la «profundidad» de este pequeño jardín. En su lugar, cinco árboles muy delgados, manzanos silvestres Ballerina, plantados a lo largo de la pared del fondo, enfatizan la simetría sin crear un punto focal.

tendría que ser tan elegante como para conducir instantáneamente hacia el centro de atención. Al llevar a cabo la planificación, decida dónde va a ir este punto: en una línea visible desde una ventana, o como una inesperada sorpresa al entrar al jardín. Las líneas ocultas del jardín indicarán una buena posición para el centro de atención y evitarán siempre la competición de otros elementos dominantes.

Cualquier forma destacada que sea diferente de las circundantes horizontales y verticales llamará la atención. En un terreno grande, el tradicional punto focal puede residir en un espécimen de cedro plantado en medio del césped, respaldado por un seto recortado, para resaltar la belleza de algo que en un jardín repleto podría ser sólo un detalle. Un asiento bien colocado, una escultura o un árbol de tallo múltiple en un patio pequeño captará nuestro interés al instante. Este punto también podría ser un grupo de objetos similares, el espacio entre estructuras características que atraen la vista (*véase* página 79) o bien un sendero entre líneas de setos.

La gente necesita algún lugar donde sentarse y espacios para las plantas, pero la elección de ambos debe ser la adecuada, de modo que la forma resulte a la vez bella y útil. Los asientos encargados a un escultor resultan caros, pero cumplen un doble papel en un jardín minimalista: proporcionan una forma interesante a la par que funcional. Otra opción consiste sencillamente en agrupar bloques de granito, aunque su precio también será elevado. Los asientos semicirculares de hormigón o madera sólida acostumbran a ser más económicos, y con ellos logrará el mismo efecto.

No es necesario que la geometría controle todos los detalles en un jardín formal de estilo minimalista, pero proporciona una base perfecta para formas orgánicas contrastantes, como las esculturas hechas por el hombre, las rocas formadas de modo natural o, en una zona sin heladas, un olivo retorcido. Gracias a sus formas curvadas, los recipientes de mayor tamaño, como las grandes jarras de barro para aceite, bastarán, sin plantas, para hacer de esculturas. Colocadas en el lugar adecuado, en los confines del jardín, atraen siempre la mirada. Los recipientes plantados constituyen otro foco excelente. Entre los elementos más idóneos se incluyen gramíneas altas, como la vivaz *Miscanthus floridulus* (que alcanza los 3 m durante el verano si se poda a finales de invierno), o aislados arbustos de porte geométrico, como el erecto y perenne acebo japonés (*Ilex crenata* «Fastigiata»). Coloque un grupo de recipientes de modo que formen un triángulo, un cuadrado o una hilera de plantas idénticas.

El tamaño es una forma de atraer la mirada, e incluir una gran escultura en un espacio pequeño puede resultar espectacular. Una escultura por encargo será perfecta para el jardín formal, pero cara, de modo que en su lugar considere la utilización de objetos «reciclados» hechos de materiales que contrasten entre

139

extremo superior *Una espléndida palmera de abanico,* Trachycarpus fortunei, *es todo lo que necesita un jardín minimalista como centro de atención.*

superior *El simétrico diseño de este pequeño jardín, ideado por* George Carter, *crea un ambiente teatral. A los lados se han formado «aleros» escénicos, con la ayuda de recortados ejemplares de* Choisya ternata, *mientras que en el centro un estanque y una oscura urna se convierten en el punto focal.*

Una ancha piedra de remate con un margen redondeado facilita el flujo uniforme de agua que discurre hasta caer pesadamente en el estanque situado debajo.

sí para llamar la atención, lo que se adapta a su primitivo espacio minimalista. En un jardín de inspiración japonesa, por ejemplo, podría poner un fragmento de roca formado de manera natural, o atractivas maderas erosionadas por el clima.

A veces, es la tensión entre las plantas o los objetos lo que confiere el efecto minimalista. Una roca, por ejemplo, puede colocarse como un «elemento desprendido», que sea similar y esté relacionado con un grupo pero, además, que al estar separado haga que el espacio entre este elemento y el grupo sea significativo. Del mismo modo, los objetos pueden ser pequeños árboles idénticos, y la tensión entre ellos será el punto focal. Dado que las formas verticales atraen la atención, tres árboles fastigiados, colocados en diferentes partes de un patio, mantendrán una fuerte relación, y en el espacio entre ellos descansará la vista.

Las plantas por sí mismas proporcionan formas atrayentes que animan y configuran un punto de atención en un patio minimalista que de otro modo sería estático. Un magnífico bambú, como *Fargesia nitida*, cuyas cañas alcanzan entre 2 y 3 m, sería la estrella. Y el resistente palmito (*Chamaerops humilis*) sugiere una exótica connotación. Las plantas con follaje grande, como la peonía (*Paeonia delavayi* var. *ludlowii*), tienen enormes hojas mate, profundamente incisas, que adquieren un fresco color verde en primavera, con el añadido del suave amarillo de las flores en forma de amapola. El perenne árbol frutal *Eriobotrya japonica*, de lustrosas hojas coriáceas, desarrollado como una forma ornamental y recortado, sería efectivo en un espacio pequeño, a menos que prefiera la sombra de *Betula utilis* var. *jacquemontii*, de tallo blanco. Los árboles de tallo múltiple son ideales como punto de atención.

A menos que todas las plantas vayan a crecer en recipientes profundos, el suministro para las zonas plantadas debe realizarse según el diseño formal del suelo. Una vez plantadas, no es posible cavar bajo el pavimento, de modo que el cavado profundo y la adición de una materia orgánica rica y húmeda proporcionará a las plantas un buen comienzo.

inclusión de agua

Los modernos principios minimalistas pueden ser bastante austeros, pero incluso una pequeña cantidad de agua animará un jardín de este estilo. Un estanque que refleje las formas, pequeño o grande, es insonoro y crea un ambiente de calma. Cualquier movimiento, como una suave onda que nunca rompe la superficie, se pone de manifiesto con la luz.

El sonido del agua que corre resulta sedante. En un sofisticado jardín minimalista se podría contar con agua que discurriese como la de una fuente cristalina o que fuese guiada suavemente hacia una pizarra en ángulo o una lámina de acero. Un impecable esquema acuático puede resultar caro si precisa contratar a un experto. Pero es posible economizar el diseño si construye, usted mismo, una pequeña cascada de agua transparente y clara, de modo que gotee, a través de una hendidura horizontal en una pared que oculta la bomba. Para asegurarse de que el agua cae libremente, disponga una delgada y sobresaliente boca de plexiglás con un acabado redondeado, una baldosa o pizarra a lo largo del canal, con un gran cuello sobre el lado inferior, para evitar que el agua fluya de nuevo hacia la pared.

Una gruesa hendidura de acero inoxidable en la pared presenta una boca sobresaliente de metal que asegura que el agua caiga limpiamente y dibuja una lámina transparente hacia el estanque situado debajo, bordeado en un lado por un triángulo del negro Ophiopogon planiscapus *«Nigrescens».*

141

interpretación: *minimalismo formal*

El agua expulsada con fuerza, como la de los chorros que brotan del suelo o de una pared lateral, resulta impactante y renueva el aire. Un simple chorro que cae sobre un estanque circular define un centro de atención clásicamente sencillo y en parte económico. Pero si se trata de una línea o rejilla de chorros, necesitará la ayuda de un profesional debido a la presión de agua requerida. El agua puede recogerse en un canal cubierto por una verja y conducirse por debajo del suelo hacia una reserva, para ser reciclada de nuevo, de modo que no quede agua en la superficie.

Al considerar la cantidad de agua en cualquier instalación, recuerde que su sonido más que calmante puede ser irritante —y cuanto más fuerte sea el flujo, más sonoro será—. Pero esto no debe impedir la utilización de fuentes: si no son demasiado grandes, conforman simples y efectivos elementos en un jardín minimalista. Necesitará asesoramiento sobre los sistemas de circulación del agua y la elección del tamaño de la bomba. Un programador le ayudará a regular el flujo, para que la bomba pueda encederse o apagarse a intervalos.

El tamaño de las instalaciones con agua debería ser proporcional al espacio. Una vez definido éste, la forma del estanque puede ser circular o rectangular, pero sobre todo debería adaptarse bien a la geometría. Un «minicanal», que discurra a lo largo de un pequeño patio seguirá las líneas del diseño. Los arroyos estrechos, parecidos a los de los jardines moriscos del pasado, tienen una calidad lineal que se complementa con el pequeño jardín minimalista. En un espacio más grande, es posible ampliar esta idea para incluir arroyos paralelos con líneas de bambú enano entre ellos.

Se pueden construir artesas elevadas llenas de agua con una albardilla ancha muy simple que se doble al fijarlas y se adapten bien a un lugar pequeño, con el resto del mobiliario mantenido al mínimo. Pero en los jardines elegantemente contemporáneos, más grandes, los estanques elevados pueden estar diseñados de modo que el agua que discurre esté nivelada con los lados y deje un flujo continuo. El efecto se consigue mediante la tensión superficial que hace que el agua se mantenga en el estanque y se deslice hacia una reserva para su reciclaje.

El tamaño de la zona con agua afecta a su coste. Para jardines minimalistas pequeños existen diversas instalaciones asequibles, con pequeñas bombas de sistemas cerrados que reciclan el agua. Entre los ejemplos de ello hallamos rocas perforadas por las cuales escurre el agua, o un grupo de tubos metálicos verticales que vierten agua. Una plateada esfera metálica, cubierta con una película de agua permanentemente, es otro pequeño y efectivo sistema. Sin duda, todas las estructuras que contengan agua deben disponer de un sistema antigoteo, y en el jardín minimalista esta atención por el detalle resulta crucial. Esto se consigue mediante

la construcción de una base de hormigón sellado, o la colocación en un estanque de una hoja de plástico flexible especial, como la goma butílica. Los costes son similares, y los dos sistemas resultan fiables, a menos que se dé la posibilidad de que el plástico se haya agujereado por un trato incorrecto. Selle las uniones con calor y oculte los márgenes en la zona de solapamiento con el suelo del jardín. En los sofisticados patios formales, los estanques, llenos hasta la orilla, no muestran nunca un nivel bajo de agua.

unión con el edificio

El principio de sencillez funcional y elegante resulta muy adecuado y, con frecuencia, va asociado a pequeños patios modernos, aunque puede utilizarse de manera satisfactoria en otros tamaños y formas del jardín.

Diseñar los jardines de un modo moderno y honesto puede ser complicado debido a la edificación colindante, que no siempre presentará una hermosa sencillez. En realidad, la combinación minimalista de una casa moderna y su jardín adosado forma parte de un conjunto ideal. Muchas casas son viejas, y durante gran parte del último siglo sus jardines emulaban a los grandes jardines históricos, con lo que a menudo la reducción de la escala no será lo más adecuado, y el resultado parecerá controvertido. Sobre esta base, el modernismo se incorporará en un mayor grado, mientras se mantienen algunas conexiones históricas como fuente de inspiración.

Por lo general, el diseño del jardín es más sencillo en la casa moderna, porque la estructura es claramente visible cuando se planifica sobre principios geométricos simples. Un elemento característico de los edificios modernos son las ventanas grandes, lisas, que unirán la casa y el jardín durante todas las estaciones del año con una transparencia impensable en el pasado. Las puertas se pueden deslizar con gran facilidad; unen el espacio del jardín con el de la casa. Elija el mismo suelo para el interior y para el exterior, como losetas de caliza o baldosas de barro, de modo

142

página anterior *Mezclar lo moderno con lo antiguo puede funcionar de modo efectivo, como se muestra aquí, donde la sencilla geometría de los senderos de guijarros planos se relaciona con el modelo «irregular» del edificio de piedra. El rastrillado de la grava de color oscuro que llena los rectángulos muestra una influencia claramente oriental, enfatizada por los jóvenes bambúes cercados por musgo.*

Este minimalista jardín de patio, diseñado por Seth Stein para adaptarse a la clara arquitectura moderna de la casa construida con hormigón, utiliza blancos guijarros redondeados y una mesa-plataforma de madera como únicos contrastes de texturas. Las modernas adaptaciones de los aspectos tradicionales incluyen el sencillo «pabellón» de hormigón sobre el tejado y la terraza, en cuya parte superior se sitúan vigas que salen fuera del espacio del jardín para guiar la luz y las sombras hacia abajo. La división semitransparente, constituida por un panel de cristal opaco, afirma la unión entre la casa y el patio.

simplicidad japonesa

Este diseño esencialmente simple se basa en gran parte en los jardines japoneses clásicos. Las puertas correderas de la casa se abren a una plataforma de madera con tablas de diferentes amplitudes. Una recortada cúpula de *Rhododendron* «Hinode-giri», una azalea híbrida Kurume con flores de color rojo, se ha plantado en el suelo y se ha recortado bien para cubrir parte de la plataforma. Un sendero formado por losetas de agregados de hormigón, junto con pequeños guijarros, conduce a un estanque en forma de «L» y a un pequeño bambú variegado (*Pleioblastus viridistriatus*). Tres losetas de hormigón nos llevan sobre el agua a un asiento de granito situado bajo *Rhododendron luteum*, una fragante azalea de flores amarillas que llega a los 4 m de altura. Junto al sendero de piedra, la pequeña *Typha minima* recoge la línea del bambú.

Junto a la fina grava, *Helxine* (*Soleirolia soleirolii*), que imita al musgo, cubre el resto del jardín durante gran parte del año. Su fluida forma se mantiene con un madero para detener el excesivo desarrollo. El estanque, situado a ras de suelo y rematado por una banda de acero inoxidable, se ve interrumpido por una roca cuya parte superior plana guarda una relación dinámica con una piedra gemela de tamaño similar; con ello añade tensión al que, de otro modo, sería un jardín tranquilo. De color púrpura intenso y situada detrás de la segunda roca, *Clematis* «Warsaw Nike», mantiene el color cuando el rododendro ya no presenta flores. En el estanque, tres zonas plantadas con una roja *Nymphaea* «Froebelii» cubren parte de la superficie de agua con hojas de nenúfar. Debajo, *Fontinalis antipyretica* oxigena el agua.

que difumine la línea del horizonte. Las escasas plantas deberían ser fuertemente arquitectónicas para, así, captar la atención. Las particiones del jardín pueden evocar las divisiones internas y delimitar el espacio exterior en proporciones similares, quizá con boj enano, como margen definido. El agua también debería ser simple: una cristalina fuente será el eco del cristal de la casa.

El problema de vincular un estilo de jardín moderno, mínimamente formal, con una casa más vieja puede resolverse si desarrolla líneas, escalas y proporciones que simpaticen con el edificio existente. Ignore los detalles ornamentales y deje que el «esqueleto» de la casa proporcione el formato del diseño. Puede recoger la amplitud de las ventanas y las entradas si dibuja líneas desde la casa en ángulos rectos y establece proporciones que las relacionen. Haga que éstas se crucen con líneas paralelas a la casa para formar espacios que se conviertan en el marco del jardín. Gran parte de estas «líneas» no serán visibles, pero junto a las plantas y los elementos característicos, y dibujadas en relación con ellos, definen la estructura subyacente. Es preferible que los materiales utilizados combinen bien con los de la casa, aunque muchos de los edificios antiguos son de ladrillo, y éste no es el mejor material para el pavimento de un espacio minimalista, relacionado como está con los jardines rurales y románticos.

Elija una zona a la luz del sol para sentarse y divida el espacio que queda mediante líneas, presentes u ocultas, que delimiten claramente un área para comer, una zona para las plantas y otra para disfrutar de un paisaje sin interrupciones. Todo material que esté de más (como el material del jardín, sillas adicionales, recipientes vacíos) deberá ocultarse a la vista, quizá mediante una pared falsa o con la ayuda de una pequeña construcción en línea con el diseño. Piense en el valor de un espacio abierto y elimine los detalles. No es necesario llenarlo de flores, cubos, asientos o modelos de pavimento, porque el espacio ya es agradable en sí. Al igual que un claro en un bosque, los espacios relajan el espíritu. Las superficies simples enfatizan el estilo, pero el espacio puede estar definido por hileras de plantas como setos recortados de boj o una columna de *Liriope muscari*.

terrazas

Alejarse del suelo significa estar más cerca del cielo, la luz y los elementos. Ningún estilo arquitectónico necesita influenciar el diseño, de modo que una terraza se convierte en un candidato ideal para un estilo minimalista.

Consulte con un ingeniero de estructuras antes de idear la planificación de una terraza. Normalmente, las zonas más fuertes y que soportan el peso del suelo acostumbran a delimitar el perímetro o se sitúan por encima de las vigas estructurales

145

superior izquierda *Este jardín, ideado por Ron Herman, es una referencia minimalista a un diseño de tablero de damas constituido por musgo y piedra visto en un templo zen en Kyoto, Japón. El preciso modelo en cuadrícula se ha rellenado con redondeados guijarros y fresca Helxine de color verde.*

superior *Este moderno jardín interior, como un atrio menudo, está influenciado por la sencillez japonesa. El agua gotea desde una placa de acero inoxidable en la pared hacia un estanque de ladrillos de cristal.*

Este patio elegantemente minimalista, diseñado por Isabelle Greene, define la asimétrica formalidad de los jardines japoneses. Alberga pocas plantas, pero está animado por un río de finos cantos rodados de color gris que discurre a través de un «paisaje» de grava de color rojo tierra, a lo largo del cual se hallan cuatro rocas. Sobre plataformas de hormigón, un grupo de macetas redondas de barro y una maceta alta en forma de cafetera actúan como esculturas.

página siguiente, superior *Una plataforma de madera conforma el suelo de una terraza, cuya sombra la proporcionan los toldos. La mesa baja con asientos de cañas entretejidas y la espaldera del lindero de fina caña desprenden un aire oriental.*

página siguiente, inferior *La belleza de las rocas cubiertas y pulidas contrasta con las ondas de grava de grano medio desde la que emergen, como continentes flotantes, en este jardín contemplativo fuertemente influenciado por los clásicos jardines japoneses.*

en el interior del edificio. El marco que soporta un suelo puede estar fijado sobre éstas, y aquí es donde se colocarán los recipientes plantados, que dejarán la zona central vacía—otra característica positiva de la formalidad minimalista—. Para aligerar los materiales del pavimento, opte por plataformas, agregados ligeros o baldosas de composición plástica. Los paneles de tela de aluminio proporcionarán senderos elevados sobre interesantes paredes bajas u otras divisiones.

El clima en una azotea influirá en la elección de las plantas. Pocas plantas, pero bien formadas, hará de éstas un centro de atención. Los formios de la Pampa gigantes (formas de *Cortaderia*), plantados en recipientes grandes y profundos, tendrán una apariencia soberbia al soportar los vientos más fuertes. Como protección frente al calor del verano, los toldos y los doseles son ideales, tanto para su comodidad como para resguardar las plantas. Pero si en su localidad abunda el viento fresco, una pérgola de madera o aluminio, sin plantar, actuará a modo de filtro.

el efecto japonés

La formalidad irregular de los jardines de Kyoto, en Japón, es un símbolo de modernidad. La tradicional sencillez resulta claramente formal, ha influido mucho a los arquitectos y los diseñadores modernos y se adapta, además, a la elegancia del cristal, el hormigón y el acero. En cierta medida, los jardines japoneses eran un reflejo de la filosofía que busca el equilibrio espiritual. Cada objeto, vivo, mineral o fabricado, es apreciado por sí mismo y por su representación del paisaje más amplio. Los flujos de la naturaleza se interpretan como zonas de un espacio precioso, con una forma irregular pero una buena textura (por ejemplo, la de la grava), en la cual se asientan unos pocos elementos perfectamente mantenidos. En el jardín de estilo budista se observan unas determinadas normas, y la estética se trata con gran cuidado para dar siempre la apariencia de una elegancia sin esfuerzo; la limitación es otra característica destacada. En Occidente, esto se ha convertido en un estilo de jardín en sí mismo.

Un sencillo jardín contemplativo puede construirse sin plantas vivas: elija en su lugar materiales soberbios colocados cuidadosamente y con gran detalle. Ponga unas pocas losas de marcada geometría, como el mármol travertino, junto a losetas de arenisca más fina, en un «mar» de grava y soportadas por un muro de hormigón revocado. El único elemento animado puede ser el agua, acompañada por rocas de marcado carácter, agrupadas juntas o unidas visualmente.

En los jardines japoneses, el uso de la grava es más frecuente, y el jardín minimalista se basa en ello. En la cultura japonesa, rastrillar la grava desempeña un papel simbólico, aunque el jardín se utilice sólo para su contemplación. Puede

emplear empedrado para su comodidad y romper el diseño, pero ambos materiales deberán ser del mismo color. Un punto de atención no central, que actúe como un elemento de calma en el espacio, puede consistir simplemente en una planta aislada, como *Cercidiphyllum japonicum*, de tallo múltiple, que alcanza los 9 m.

Es posible interpretar esta serenidad sin gastar mucho dinero, en particular si se utilizan plantas. Un sencillo patio con guijarros finos, márgenes oscurecidos por azaleas perennes recortadas y paredes alineadas con cañas de bambú, no resulta caro. Otra opción consiste en cubrir el suelo con una alfombra de hierba segada, la rastrera vivaz *Thymus serpyllum* o la caduca *Soleirolia soleirolii*. Si busca una sencilla perfección, añada un tranquilo estanque, lejos del centro y que refleje una roca.

Para la mayoría de la gente, el tiempo se ha convertido en un lujo, y pocos disponen de horas suficientes para disfrutar de los placeres físicos de la jardinería como una afición. Por tanto, el diseño de gran parte de los jardines contemporáneos se asemeja al de una cocina: de ellos esperamos que sean funcionales y fáciles de mantener, además de resultar hermosos durante todo el año. Existe una buena razón para establecer un marco formal permanente, con elementos duros y plantas perennes, pero que deje huecos para una plantación más efímera que podría reflejar los cambios estacionales u ofrecer la oportunidad de modificar el carácter del jardín anualmente. Los tonos de color pueden cambiar cada año: quizás oscuro y melancólico un año y pálidamente luminoso al siguiente. Es, en muchos sentidos, un jardín controlable, que da rápidos resultados y una puesta en escena fiable. Adquirir nuevas plantas cada año y mantenerlas con una buena apariencia puede constituir una forma poco económica de practicar la jardinería, mientras que el impecable estilo formal de muchos de los jardines modernos depende de las plantas que maduran y ofrecen su mejor aspecto durante todo el año.

*La anual **Ipomoea purpurea** es una buena trepadora estival, que consigue transformar, en este caso, una sencilla pérgola de alambre durante una estación.*

Dentro de la estructura permanente de plantas sobre la que se planifica el jardín, se pueden dejar sin plantar determinadas zonas con el objetivo de lograr efectos estacionales y anuales. En un jardín pequeño, por ejemplo, el marco permanente puede estar constituido solamente por arbustos perennes de pared, como *Pyracantha* y *Escallonia*, recortados planos para alinearse con un lindero de luminoso verdor. Los árboles introducirán altura y proporcionarán zonas sombrías en un jardín expuesto donde, de otro modo, podría no haber profundidad. Y tanto los arbustos perennes como los caducos servirán para definir las formas y espacios, márgenes de rutas, establecer cierta simetría o configurar pantallas para las partes utilitarias de un jardín. En una estructura como ésta, la grava o los macizos sin plantar pueden llenarse primero con bulbos de primavera, para sustituirse, cuando haya terminado la floración, por anuales o tiernas vivaces herbáceas que aparecen desde el comienzo de la primavera hasta finales de otoño y que, a su vez, serán descartadas cuando hayan dejado su fruto. Temporalmente, las tiernas residentes, que se trasladan al exterior durante el verano, permanecerán en sus macetas o recipientes para ser enterradas bajo el suelo o en un macizo con grava y sustituirse cuando hayan dado lo mejor de sí. Esto sólo es posible si el jardín o la casa poseen un pequeño invernadero donde poder almacenarlas.

cambios anuales

Aunque los ejemplares perennes recortados pueden constituir un marco duradero, las plantas caducas pierden su follaje y los jardines se alteran constantemente. A mediados de verano, con frecuencia, el follaje arbustivo y algunas flores de herbáceas habrán perdido su encanto y parecerán cansadas y polvorientas. La plantación animada cada año con anuales y bulbosas asegura al jardín una nueva vitalidad. Siempre que elija anuales que ofrecen una floración o follaje duraderos, el jardín se llenará de color durante los tres o cuatro meses principales del verano.

Para un buen follaje, que añadirá una nota de color a una estructura perenne, piense en el color rojo armuelle de *Atriplex hortensis* y en una plateada y semirresistente vivaz, cultivada como anual, *Senecio cineraria*. Si busca efectos florales veraniegos, existen muchas anuales entre las que elegir, como masas de *Ageratum houstonianum*, de un velloso color azul y adecuada para una rítmica repetición, o también *Brachyscome iberidifolia*, plantada en modelos de trama, y heliotropos de color violeta intenso para una gran cobertura del suelo. Cultívelos junto a plantas altas del tabaco (*Nicotiana*), *Zinnia* y, para una zona en sombra, valiosos miramelindos (*Impatiens hybrida*), en particular las formas blancas. A finales de verano, elimine estas anuales y sustitúyalas por bulbos de primavera.

rapidez y permanencia

relleno estacional

En este jardín de ingenioso diseño de Victor Shanley, un modelo en cuadrícula de ladrillos define zonas cuadradas en el pavimento. Cada una de ellas alberga un macizo plantado, terminado con un boj recortado que sostiene una esfera de poda ornamental, mientras que una línea de cubos de madera da cobijo a una poda permanente. Con un oscuro seto de tejo como lindero y un boj de verde brillante para el marco más interno, el jardín es similar durante todo el año. Pero el relleno de los macizos cuadrados y de los laterales con anuales y bulbosas cambia su aspecto con las estaciones. En primavera se llenan de bulbos blancos, como *Tulipa* «White Triumphator» o, como se puede apreciar en la imagen de la derecha, de *Narcissus* «Glacier», una flor elegante de 40 cm de altura, con una delgada y arrugada trompeta. Para dar una nota de color a finales de primavera, elija *T.* «Ballade», un tulipán de flor parecida a un lirio y de color malva violeta, de 55 cm de altura y pétalos graciosamente replegados. Una opción para el verano consiste en el aromático *Lilium* x *testaceum*, aunque su altura de 1,2 m ocultará el boj central recortado.

plantas bulbosas

La desnudez del invierno puede ofrecer una calma cautivadora, y el jardín parecerá más espacioso que en cualquier otra época. Esto lo hace ideal para la utilización de bulbos y otras plantas bulbosas que aparecen en primavera. Entre estas últimas se incluyen las que se desarrollan a partir de bulbos, cormos, tubérculos o rizomas; todas ellas son formas con un buen almacenamiento en la base de la planta, a partir de la cual se desarrollan. Si el diseño es moderno, evite plantarlas de modo que parezcan agrupadas naturalmente y en su lugar plántelas en líneas organizadas o juntas para lograr un efecto de alfombra.

La plantación masiva que forma una alfombra presenta por sí misma un aspecto formal, reminiscencia de las coloreadas gravas que una vez llenaron los parterres. La mayoría de los bulbos se plantan para disponer de una plantación permanente ya que, a diferencia de las anuales, estos bulbos y tubérculos se dejan en el suelo de año en año. *Anemone nemorosa* «Robinsoniana» forma una alfombra de 10 cm de altura con flores de color azul pálido y un duradero follaje parecido al de los helechos. Las series de *A. blanda*, ligeramente más alta y de color blanco, azul o rosa resultan adecuadas para dar sombra. En un terreno soleado, los híbridos de crocos cubrirán de forma igualmente efectiva el suelo con una hoja de color, como el blanco *C. vernus* «Jeanne d'Arc», el púrpura «Remembrance» o el marfil «Cream Delight» (todos ellos con una altura de 10 cm).

Este efecto de alfombra puede lograrse de dos formas. Una es cubrir el suelo con semillas de anuales de enraizamiento somero, diseminadas directamente, como *Tropaeolum* «Moonlight» o el rojo oscuro *T. majus* «Empress of India», con sus redondeadas hojas que se arrastran sobre el suelo. Otra alternativa consiste en plantar numerosos cormos en forma de una cobertora vivaz de suelo, como la pervinca enana (*Vinca minor*) o la dulce aspérula (*Galium odoratum*), ambas apropiadas para una sombra ligera, o el enorme *Helianthemum* «Amy Baring», a pleno sol, de modo que sus flores proporcionen una fresca exhibición de color.

Si busca efectos más formales y ordenados, utilice plantas altas de aspecto erguido que puedan disponerse en fila y enfaticen las líneas del jardín en primavera. Como especies aptas para representar este papel en una posición soleada, los tulipanes no tienen rival. Opte por elegantes flores parecidas a los lirios, como las de *Tulipa* «West Point», de color amarillo yema, «Sapporo», de color crema albaricoque, «White Triumphator» o el violeta «Ballade», de pétalos ribeteados de blanco. Estos tulipanes tienen una altura aproximada de 55 cm. El color intenso de las flores se adecuará a los jardines muy formales o minimalistas, de modo que inténtelo con el marrón de «Havran», el casi negro de «Queen of Night» o el rojo cardenal de «Île de France», todas ellas de mayor altura. Los tulipanes constituyen la excepción entre los bulbos: lucen su mejor apariencia durante el primer año; así que para inmaculados efectos primaverales merece la pena extraerlos, descartarlos, después de terminada la floración, e invertir en unos nuevos cada año.

Las coronas imperiales (Fritillaria imperialis), de entre 60 y 90 cm de altura, tienen un estilo y un color tan impresionantes que casi se podrían clasificar como especies exóticas. Plantadas en un suelo con buen drenaje y en un espacio soleado, sus enormes flores, de color caoba, naranja o dorado, cuelgan bajo una corona en roseta de espigadas brácteas a semejanza de hojas que crecen en un tallo erecto.

Más avanzada la estación, aparecen los lirios y las especies de *Allium*, que florecen tanto a principios como a finales de verano. Los lirios añaden su fragancia y presentan elegantes flores en forma de trompeta; la mayoría prefiere la luz solar y un suelo bien drenado. Entre los híbridos de lirio se incluye *Lilium* «Casa Blanca», un lirio blanco fuertemente aromático que puede alcanzar 1,2 m; el grupo Citronella de cabezas péndulas, un manchado amarillo brillante, y el almizclado grupo Pink Perfection, de hasta 30 flores por tallo y que alcanza los 1,5 m. Todos llaman la atención cuando están en flor. Para zonas sombrías, busque el encorvado tulipán tipo lirio, el suave marrón púrpura de *L. martagon* y *L. martagon* var. *album*, ambos de 1 a 2 m de altura. Éstos se expandirán con los años, pero son mucho más modestos en cuanto a apariencia que los híbridos citados.

Las especies de *Allium* poseen una destacada forma que se adapta bien al jardín formal. *A. giganteum*, grande, es una especie de 1,2 m con cientos de pequeñas flores de color lila que forman un globo perfectamente redondeado en la parte superior de un tallo único. A pleno sol, estas plantas configurarán líneas ordenadas a lo largo de un sendero o quizá como flancos de una pérgola. *A. cristophii*, más pequeña, de 60 cm de altura, presenta globos más grandes. A diferencia de los tulipanes, los especímenes de *Allium* incrementan en número año tras año.

151

El cónico parterre terminado por un boj se ha rellenado con permanentes cúpulas de boj recortado, con espacio entre ellos para una mezcla de tulipanes de color rojo, rosa y blanco, que aportarán una nota de color en primavera.

anuales, bienales y vivaces tiernas

Las anuales tienen una vida corta pero muy dulce, ya que necesitan elaborar semillas en una estación. En un suelo cultivado, libre de malas hierbas, rastrillado finamente, puede plantar semillas de anuales resistentes —como *Clarkia*, *Nemophila*, malvas y arañuelas (*Nigella*)— en su ubicación definitiva y seguir el desarrollo verde gradual sobre el suelo. Las semillas de especies bienales precisan tiempo para germinar, de modo que deberá sembrar con un año de antelación ya que tardan dos años en florecer, como *Salvia sclarea* o amapolas de Islandia (*Papaver nudicaule*). O puede plantar fuera, después de la última helada, tiernas anuales y bienales obtenidas por usted mismo, o en un vivero, bajo cubierta en el otoño anterior o primavera.

Una alternativa a la siembra y al trasplante que comporta tiempo es comprar macetas de poliestireno con macizos ya preparados, listos para plantar fuera en primavera. La elección puede ser limitada, pero el éxito es más probable: plántelos juntos para ocultar el suelo desnudo. Compruebe las condiciones climáticas locales, para que en caso de que las heladas sean posibles, no plante las tiernas anuales demasiado pronto. Lea cuidadosamente las instrucciones del paquete, ya que los requisitos podrían diferir.

Para empezar la estación, la bienal lunaria blanca (*Lunaria annua* «Alba Variegata»), plantada el otoño anterior, puede agruparse en una zona con sombra ligera, y las anuales como los cosmos pueden continuar desde el verano hasta el otoño en una zona a pleno sol. Las caléndulas proporcionarán brillantes texturas a ras de suelo. *Tagetes* «Mr. Majestic», con franjas de color caoba, o *T. patula* «Cinnabar», de color rojo óxido, alcanzan los 30 cm de altura y llenan un suelo soleado a modo de alfombras. La clásica bienal minutisa provoca un efecto más frío

color de verano y textura

Los recipientes de acero galvanizado contienen el perenne bambú de color negro (*Phyllostachys nigra*) durante todo el año, pero usted puede provocar los cambios cada verano en el macizo colocado sobre la plataforma de madera. En este caso, bellas vivaces amapolas de Islandia (*Papaver nudicaule*) proporcionan un delicado color en verano y son adecuadas para la cobertura de pizarra. Si prefiere un efecto distinto, utilice especies anuales que se revelan bajo la cálida luz solar. Para una explosión de color, elija un delicado grupo de linos escarlata (*Linum rubrum*, inferior izquierda) o de gazanias (*Gazania* «Talent», centro), más vistosas y creadoras de matas, con sus brillantes flores de tipo margarita. Ambas resultan idóneas para una posición árida, al sol, y florecen a mediados de verano. Una candidata mejor sería la anual formadora de tepes *Lagurus ovatus* «Bunny Tails», derecha, cuyas flores de color crema duran hasta el otoño.

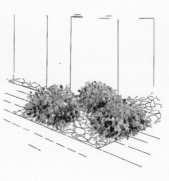

y tiene más altura, como *Dianthus barbatus* «Indian Carpet», en mezclados rosa y blanco, y *D. barbatus* «Sooty», de un aterciopelado color rojo chocolate.

Incluso las anuales altas y de forma geométrica pueden desarrollarse en una estación, como los enormes girasoles (*Helianthus*), a pleno sol, y las digitales (*Digitalis*), en una zona con sombra ligera. Espectaculares variedades cultivadas de *Helianthus* están ahora disponibles en diversas alturas, tamaño de flor, textura y color. *H.* «White Delight», de color crema pálido, presenta una sencilla flor a 1,5 m. El color de «Velvet Queen» es de un profundo rojo veneciano y tiene la misma altura, y *H. annuus* «Sunspot» presenta flores amarillas de 60 cm de diámetro. También existen flores dobles y ramificadas, aunque para los jardines modernos las más simples son las mejores. En una pared blanca resultarán cálidas y espectaculares.

La clásica y sencilla malvarrosa (*Alcea rosea*) aporta espigas que al sol pueden alcanzar 2 m desde mediados hasta finales de verano. El inconveniente reside en que sus lobuladas hojas redondeadas atraen el tizón, y éste puede estropear los efectos originales de un jardín formal. Alinéelas junto a una robusta valla de madera, o cultívelas en grupo junto a rocas redondeadas para conseguir un efecto focal. La digital blanca (*Digitalis purpurea* f. *albiflora*) es una anual que se desarrolla mejor como una bienal. Añade un suave efecto en un jardín de perfección minimalista.

Puesto que la limitación es la nueva *cause célèbre* de los jardineros, la plantación debe ser dispersa pero hermosa en un jardín minimalista lleno de grava. De este modo, las anuales amapolas de California, *Eschscholzia californica*, con una flor de 30 cm de altura, y *Papaver somniferum*, de 75 cm, son ideales para una floración temprana y una siembra útil, que puede «interrumpirse», cuando sea necesario, para permitir el equilibrio de la vitalidad de las plantas en un espacio abierto y despejado. En un jardín donde el color está reducido de forma minimalista a tonalidades de blanco, una extensión en el suelo de 60 cm de altura, plantada con *Arctotis fastuosa* «Zulu Prince», puede crecer como una anual en un espacio cálido lleno de grava; *Cosmos bipinnatus* «Sonata White» sería más suave, con un follaje de color verde musgo.

Muchas vivaces sensibles que son originarias de países cálidos pueden cultivarse como anuales en climas templados. Algunas salvias poseen flores exquisitamente sutiles con luminosos colores púrpuras y azules. *Salvia farinacea* «Victoria» produce espigas de flores color púrpura intenso que llegan a una altura de 45 cm, y *S. sclarea* var. *turkestanica* presenta espectaculares tonalidades en rosa, blanco y azul intenso, a principios de otoño, y queda muy bien en muros y pantallas de acero pulido, cristal o policarbonato translúcido.

*Las plantas de tonos oscuros funcionan bien. Aquí, un sauce arbustivo caducifolio de color púrpura (*Salix purpurea* «Gracilis») ofrece un color foliar púrpura oscuro, pertrechado junto a dos ejemplares de* Acer palmatum *«Versicolor». Ambos se desarrollan entre matas de la azul* Festuca glauca, *pero es la plantación de rojos* Impatiens *la que enriquece las asociaciones de color.*

especímenes exóticos y esculturales

Cuando los cambios climáticos parece que van a hacer su aparición, elija especies «exóticas» como una estimulante posibilidad. Sin duda, el término «exótico» depende del punto de vista personal: el perejil puede ser considerado una especie exótica en Arizona. Ofrecen una apariencia maravillosa en un diseño formal con un fondo sencillo y un pavimento sin complicaciones.

Se pueden lograr diferentes efectos; utilice, por ejemplo, la palmera de abanico resistente a las heladas (*véase* página 73) para formar un gran esquema lineal, a semejanza de una avenida. La semirresistente palmera de abanico enana puede usarse a escala menor para marcar direcciones o como una parte perenne de un espectacular grupo durante todo el año. Un puro elemento teatral es posible que sea atractivo en verano si usa especies altas y potentes que llamen la atención y añadan un penacho a los macizos formales. Elija la bienal *Echium wildpretii*, una espectacular especie de aspecto columnar de 2 m, o la consuelda (*Consolida ajacis* «Earl Grey»), una extraña anual de color gris pétreo que alcanza 1,2 m. Ambas pueden cultivarse en recipientes como anuales. Muchas anuales ofrecen una gran diferencia en cuanto a textura, como *Hordeum jubatum* (60 cm) o *Amaranthus* «Hopi Red Dye».

plantación permanente

De existir un solo elemento viviente en un patio de estilo minimalista, éste debería tener una forma arquitectónica que durara todo el año, pero, si además fuese exótico, evocaría imágenes de lugares distantes y climas diferentes. Piense en el efecto oriental de las cañas amarillas y el follaje verde brillante del bambú de 4 m de altura, *Phyllostachys aureosulcata* «Spectabilis». Ésta es la plantación permanente ideal en una posición aislada; si realmente está bien situada, puede alcanzar una altura natural de 8 m. Un arce japonés, como *Acer palmatum* «Chitoseyama», sugeriría un exotismo oriental, con una esquelética elegancia en invierno. Entre otras especies adecuadas se incluyen las afiladas espigas de las yucas, *Cordyline* y formios. Son plantas con estilo y carácter que, si se cultivan solas, reemplazarán a las esculturas como puntos focales estéticos de un jardín moderno de estilo formal. En contraste, las vivaces más suaves y ensiformes, como las crocosmias, los lirios y *Astelia*, son menos dominantes, de modo que es preferible utilizarlas en cantidad.

plantación temporal

Otras especies exóticas de follaje grande son más adecuadas si se plantan juntas. Planificadas con antelación, pero plantadas a finales de primavera, pasadas las

página anterior, extremo izquierda *Las exóticas yucas llenas de flores se ven reforzadas por su asociación con una sensible palmera de abanico, cultivada en una maceta que se traslada al exterior en verano.*

página anterior, izquierda **Eucomis bicolor**, *una bulbosa cultivada como una anual «exótica» en jardines de clima templado, forma un marcado contraste con las pendulares flores de la sensible datura* (Brugmansia).

últimas heladas, un grupo grande que asoma desde un macizo cortado de forma impecable junto a la grava dominará la escena durante el verano. Podría incluir el arbusto *Ricinus communis*, semirresistente y de hojas palmadas; elija la forma «Impala», con un oscuro follaje de color rojo bronce. Los ejemplares de *Canna* son muy hermosos cuando forman un grupo, de modo que piense en la variegada *Canna malawiensis* «Variegata» o la fuerte *C. iridiflora*, una forma con flores naranjas.

Las dalias se ajustan bien a esta opulenta plantación: *Dahlia* «Bishop of Llandaff» es una planta de floración simple, de un rico color rojo, que sobrevivirá en el exterior durante el invierno. Pero la mayoría de las dalias deben trasladarse y posiblemente almacenarse, como *Canna* y *Ricinus*. *D.* «Comet», de flores parecidas a la anémona, y un pompón, *D.* «Whale's Rhonda», presentan igualmente un intenso color rojo. Los tipos con flores parecidas a cactáceas parecen increíblemente exóticos, ya que no existe nada en la plantación de clima templado tan bien estructurado: elija *D.* «Quel Diable», con un nombre realmente apropiado, de color naranja. Plantadas en grupo, tienen una enorme presencia en el jardín y forman una redundante escultura.

La paciencia siempre ha sido una de las virtudes aplicable a la jardinería, pero entre las ventajas que los jardineros poseen actualmente, la posibilidad de adquirir especies maduras es la más útil. Tiene su coste, pero resulta efectivo. Las exposiciones de jardines, por ejemplo, pueden prepararse en una semana, con plantas grandes en recipientes de igual tamaño, y si su jardín posee una plantación minimalista, merece la pena el coste de adquirir unos pocos especímenes ya maduros. Asegúrese, sin embargo, de que dispone de espacio suficiente para los cepellones de gran tamaño y recuerde la importancia de un suelo bien preparado para las plantas y un riego regular durante el primer año. Incluso en invierno no deje que los especímenes grandes se sequen y compruebe regularmente que el viento no los ha maltratado y ha roto las finas raíces nuevas, cuando tratan de establecer la planta en su lugar permanente.

Hacia el final del verano las dalias iluminan el jardín con su color. En este caso se han colocado juntas en masa para bordear un sendero de guijarros que conduce a un tranquilo estanque cercado por un marco de sauce entretejido.

efectos exóticos

Brillantes bidones industriales de acero galvanizado forman provocativos recipientes para tomates en un jardín culinario contemporáneo. El efecto espiral de las tiras de acero da al jardín un aire festivo; mientras tanto, el agua sobre el que se mantienen asegura la humedad del suelo. Si prefiere que el conjunto parezca más ornamental, las plantas exóticas serán ideales, con su marcada forma y color. *Cordyline australis* «Albertii» es una planta dominante con espadas foliares acintadas; cultivada en recipientes, su altura se limita a 2 m. El ricino (*Ricinus communis*) también ofrece una apariencia exótica, con un follaje tipo palma; vulnerable a las heladas, con frecuencia se cultiva como una anual, y alcanza 1 m en un verano. Las cañas se han plantado con éxito como anuales: *Canna iridiflora* «Ehemannii», de Perú, alcanza 2 m, con hojas largas en forma de paleta y panículos florales cerosos de color rojo en el punto álgido del verano.

utilización de recipientes

En el moderno contexto de tipo formal, los recipientes pueden construirse como parte de un jardín «manejable» de hormigón, bajo la forma de artesas lo bastante grandes para albergar arbustos. Otra opción consiste en recipientes grandes, independientes, que actúen a modo de estructuras permanentes como parte del diseño lineal si se colocan a fin de enfatizar las líneas, para marcar un cruce o un cambio de dirección. Con frecuencia, albergan una plantación repetitiva con especímenes idénticos de la misma altura y madurez (como tulipanes y lirios, boj recortado o matas de bambú enano). En ocasiones, se eligen recipientes que pueden trasladarse de un lugar a otro, para retirarlos a una zona más tranquila hasta que las plantas tengan una mejor apariencia. Recuerde que los recipientes pesados deben colocarse sobre estructuras resistentes con ruedas. Sin embargo, si intenta utilizar plantas en recipientes, un uso eventual que las disponga irregularmente no se adaptará bien a la imagen de un jardín de estilo formal.

Ciertas formas de recipientes mantienen una afinidad particular con determinadas plantas, lo cual podría influenciar su elección, pero para un moderno jardín formal existen otras consideraciones más prácticas que se deben tener en cuenta. Si piensa dejar en el exterior las macetas de barro, evite las formas de cuello estrecho de modo que la «altura de rocío» del compost no lo alcance; asegúrese también de que los cuellos estrechos no impidan sacar las plantas grandes con un gran cepellón. Para una forma grande, el sencillo efecto de una pequeña trepadora, como *Clematis alpina* «White Columbine», sería adorable en primavera. Las formas acopadas se adaptan bien al efecto abanico de los delgados *Cordyline*. Las herbáceas más suaves, como *Pennisetum* en flor o el follaje de *Hakonechloa*, combinan bien con la cerámica esmaltada por el contraste de texturas; las gramíneas marrones, como *Carex buchananii*, son compatibles con la terracota natural.

Las formas geométricas con lados rectos son sobre todo formales. Vienen en hormigón, imitación de piedra, metales fundidos o de imitación y madera. Las formas verticales de lirios, tulipanes, azucenas y *Nicotiana sylvestris* resultan adecuadas, en particular si los recipientes son estrechos y no se desequilibran con ejemplares grandes. Las artesas grandes y poco profundas son buenos recipientes para el mismo tipo de plantas, a ser posible plantadas como una masa lineal, sin ningún añadido que estropee la sencillez.

Por razones prácticas, las plantas con una marcada forma escultural necesitan de recipientes dignos, lo suficientemente pesados para soportar el viento. En este sentido, los tubos cuadrados de madera, los recipientes de piedra pesados o los cilindros de acero inoxidable harán un buen trabajo. Las plantas que emergen totalmente llenas de hojas desde ras de suelo, como los formios, se adaptan bien a una dilatada geometría, pero aquéllas con una parte aérea pesada, como los laureles recortados o las margaritas, deberían contar con una base firme que mantenga una relación vertical con el suelo.

Las estrellas solitarias, como las impactantes palmeras de abanico, las espigadas yucas, las columnares coníferas o los árboles pequeños, requieren de recipientes fuertes. La forma deberá ser simple para resultar efectiva y no competir con la planta. Si va a utilizar madera, evite la apariencia de «pastiche» de la ornamentación tipo Versalles, o cualquier cosa que quite protagonismo a la forma. La moderna formalidad implica una apariencia limpia en cada detalle.

página anterior, inferior *En un balcón protegido con una plataforma de madera de pino gigante, los maceteros permanentes ofrecen la oportunidad de elegir la plantación. Las resistentes palmeras de abanico llenan cuatro grandes macetas pintadas de blanco, mientras que las de menor altura se utilizan con anuales estivales.*

inferior *El metal galvanizado no se oxida con el agua y hace de esta artesa el recipiente ideal para especies acuáticas de márgenes, como* Pontederia cordata. *Al final de verano, las azules espigas florales adornarán las hojas lanceoladas.*

índice

158